初学者的面包烘焙食谱

100 种令人难以置信的食谱和全彩图片，满足您的好奇心，成为面包烘焙艺术大师

海尔·霍金

版权所有。

免责声明

本电子书中包含的信息旨在作为本电子书作者研究过的策略的综合集合。总结、策略、提示和技巧只是作者的建议，阅读这本电子书并不能保证一个人的结果会完全反映作者的结果。电子书的作者已尽一切合理努力为电子书的读者提供最新和准确的信息。作者及其同事对可能发现的任何无意错误或遗漏概不负责。电子书中的材料可能包含第三方提供的信息。第三方材料包括其所有者表达的意见。因此，电子书的作者不对任何第三方材料或意见承担任何责任或义务。

电子书版权所有 © 2022，保留所有权利。将本电子书的全部或部分内容重新分发、复制或创建衍生作品是违法的。未经作者书面许可和签字许可，不得以任何形式复制或转发本报告的任何部分。

目录

目录 3

介绍 8

酸面包 10

   1. 燕麦酵母 11
   2. 土豆酵母 13
   3. 扁豆酵母 15
   4. 意大利人 18
   5. 迷迭香面包 21
   6. 芝士芝麻面包 24
   7. 绿茶酸面包 27
   8. 英式小麦酵母面包 29
   9. 胡萝卜面包 32
   10. 橄榄面包 35
   11. 燕麦面包 38
   12. 扁豆面包 40
   13. 甜卡尔斯巴德面包 42
   14. 古格尔胡普夫 45
   15. 奶油蛋卷 48
   16. 小麦包子 51

黑麦面包 54

   17. 黑麦面包 55
   18. 莱文 57
   19. 黑麦夏巴塔 60
   20. 法国农民面包 63
   21. 榛子面包 66
   22. 俄罗斯甜面包 69

23. 丹麦黑麦面包 71

24. 核桃面包 74

25. 橙子面包 77

26. 茴香面包 80

27. 向日葵面包 83

28. 啤酒面包 86

29. 脆皮黑麦面包 89

30. 美味脆皮面包 91

31. 薄饼干 94

32. 土豆面包 96

全麦面包 99

33. 拼写酵母 100

34. 盖尔的米饭和斯佩尔特面粉面包 103

35. 斯佩尔特酵母面包 105

烤面包 108

36. 培根切达烤面包 109

37. PEPERONATA 烤面包 111

38. 西红柿烤面包 114

39. 烤面包和番茄 116

40. 烤面包和鳄梨酱 118

41. 鸭油烤面包 120

42. 茄子烤面包 122

43. 烤豆蔻楠面包 125

44. 烤切达葡萄干面包 128

45. 烤奶酪面包的喜悦 131

46. 烤土豆饼 133

47. 烤法式面包卷 136

48. 垃圾邮件烤奶酪英雄 138

- 49. 烤帕尼尼 140
- 50. 烤牧场面包 143
- 51. 香草洋葱烤面包 145
- 52. 胡椒烤大蒜面包 148
- 53. SOFRITO 烤面包 150
- 54. 蛋黄烤牛肝菌 152
- 55. 烤玉米面包 154

鞋垫 156

- 56. 美国奶油蛋卷 157
- 57. 编织奶油蛋卷 160
- 58. 水果和坚果奶油蛋卷 163
- 59. 香草奶油蛋卷 166
- 60. 土豆"奶油蛋卷" 169

皮塔饼 172

- 61. 基本皮塔饼 173
- 62. 牛肉皮塔饼 176
- 63. 金皮塔饼 180
- 64. 自制希腊皮塔饼 183

法式面包 186

- 65. 苹果佛卡夏 187
- 66. 基本意式薄饼 191
- 67. 罗勒螺旋意式薄饼 194
- 68. 面包机佛卡夏 197
- 69. 芝士佛卡夏 200
- 70. 简易香草佛卡夏 203
- 71. FOCACCIA-素食主义者 206
- 72. 香草洋葱佛卡夏 208

发芽面包 211

   73. 南瓜籽苜蓿芽面包 212

   74. 发芽面包 214

   75. 小麦芽面包 216

大饼 219

   76. 薄饼 220

   77. 奶酪和香草扁面包 223

   78. 硬皮玉米扁面包 226

   79. 埃塞俄比亚扁面包（INJERA） 229

   80. 意大利扁面包（佛卡夏） 232

玉米饼 235

   81. 蓝色玉米饼 236

   82. 奶酪和玉米饼 239

   83. 玉米饼 241

   84. 脱脂面粉玉米饼 243

   85. 自制面粉玉米饼 246

   86. 低脂玉米片 249

   87. 西班牙玉米饼 251

   88. 全麦玉米饼 253

玉米面包 256

   89. 阿巴拉契亚玉米面包 257

   90. 蓝色玉米面包 260

   91. 奶酪玉米面包 263

   92. 加勒比哈瓦那玉米面包 266

   93. 胡萝卜玉米面包 269

   94. 西兰花玉米面包 272

   95. 罗勒玉米面包 274

96. 基本玉米面包 277
97. 智利奶酪玉米面包 279
98. 黑胡椒玉米面包 282
99. 黑煎锅玉米面包 285
100. 阿巴拉契亚玉米面包 288
结论 291

介绍

什么是面包？

面包是一种非常简单的食物，在整个历史中都被吃过。从古埃及人发现它，到英国农民集体将面团带到当地的面包房，甚至在法国引发了一场民族革命。面包是一种重要而美味的食物，深受人们的喜爱。

你怎么做面包？

面包食谱可以用最少的成分制作：通常是酵母；小麦或非小麦面粉（或无麸质替代品）；水或其他液体；并且，可选地，盐。在这个简短的列表中，食谱可以包括添加到面团结构中的各种有趣的成分，例如鸡蛋、牛奶、黄油、调味剂和非小麦谷物。其他的可以在面团结构形成后添加，例如种子、坚果或干果，以创造数千种独特的品种。这些成分通过贝克百分比法或简单地按重量和/或体积表示为与面粉的百分比。

面包是从哪里来的？

传说在古埃及，湿小麦被留在温暖的石头上，这可能是偶然的。几个小时后，农夫回来发现混合物已经上升。埃及人尝试烘烤和添加盐，以使他们偶然发现了第一个面包食谱。面包的最早迹象可以追溯到公元前 9500 年左右。

众所周知，大约在这个时候种植了小麦和其他谷物。到那时，人类对用火做饭很有信心，因此我们预计正在生产某种面包或面包卷，但是，它还没有 100% 得到证实。

商业面包店在希腊被发现可以追溯到公元前 1700 年。如果您有兴趣了解有关面包历史的更多信息，**The Spruce Eats** 上有一篇有趣的文章。

酸面包

1. 燕麦种

原料

- 1 杯（200 毫升）燕麦片
- $\frac{1}{4}$ 杯（50 毫升）水，室温
- 2 个苹果，去皮并磨碎

方向

a) 在搅拌机中混合燕麦，直到它们达到类似于面粉的稠度。

b) 将这些成分混合在一起，在一个盖紧盖子的玻璃罐中静置 2-4 天。早晚搅拌均匀。

c) 当混合物开始起泡时，发酵剂就准备好了。从这一点开始，您所要做的就是"喂"面团，使其保持其风味和发酵能力。如果你把酵母放在冰箱里，你应该每周用 $\frac{1}{2}$ 杯（100 毫升）水和 1 杯（100 克）燕麦粉喂它一次。如果您将酸面团保持在室温下，则应每天以相同的方式喂食。稠度应该类似于浓粥。

d) 如果你有剩下的酸面团，你可以把它放在能装半杯的容器里冷冻。

2. ~~上海~~

原料

- 2 个中等大小的土豆，去皮
- 1 茶匙蜂蜜
- 1 汤匙斯佩尔特面粉，过筛

方向

a) 混合土豆，直到它们像粥一样。加入蜂蜜和斯佩尔特面粉。

b) 将混合物存放在一个带有紧密盖子的罐子中。早晚搅拌均匀。

c) 这种酵母的制作时间通常比其他的要长一些，但绝对值得多花些时间。完成前需要 **5-7** 天。

d) 当混合物开始起泡时，发酵剂就准备好了。从这一点开始，您所要做的就是"喂"面团，使其保持其风味和发酵能力。

3. 扁酵母

原料

第 1 天

- ½ 杯（100 毫升）干绿扁豆

- ½ 杯（100 毫升）水，室温

- 1 汤匙斯佩尔特面粉，过筛

第 2 天

- ½ 杯（100 毫升）水，室温

方向

a) 用手动搅拌机搅拌小扁豆，直到它们开始像面粉一样。加水和斯佩尔特面粉。

b) 将混合物倒入一个盖紧盖子的罐子中。

c) 加水。充分混合，在玻璃罐中放置 2-4 天。早晚搅拌均匀。当混合物开始起泡时，发酵剂就准备好了。从这一点开始，您所要做的就是"喂"面团，使其保持其风味和发酵能力。

d) 用有机葡萄干盖住玻璃罐的底部。加入温水，使几乎三分之二的罐子被装满。用紧密的盖子固定。

e) 将罐子在室温下放置约 6-7 天，直到出现明显的酵母气泡。初始过程可能会因房间温度而异。

f) 搅拌混合物。放入密封罐中，在室温下静置 3 天。

g) 你也可以干燥你的酸面团。将一张羊皮纸放在烤盘上。盖上一层薄薄的酵母发酵剂（1-2 毫米）。将其放入烤箱并打开烤箱灯。把它放在烤箱里，直到酸面团完全干燥（这需要十二到二十个小时）。然后把干面团弄碎，放在罐子里，盖上盖子。在室温下将罐子存放在干燥的环境中。

h) 准备烘烤时，将几汤匙干面团与 1 杯（200 毫升）水和 1.5 杯（200 克）面粉混合。第二天，您将获得"激活的酵母发酵剂"。

4. 意杯语

做 3 个面包

原料

第 1 天

- ⅔ 杯（150 克）水，室温
- 2 杯（250 克）小麦粉
- 1¾ 茶匙（5 克）新鲜酵母

第 2 天

- 9 杯（1.1 公斤）小麦粉
- 2 杯（500 毫升）水，室温
- 12 盎司（350 克）小麦酵母发酵剂
- ½-1 汤匙蜂蜜
- ½ 汤匙（10 克）盐

方向

a) 充分混合成分。让面团在冰箱中发酵约 12 小时。

b) 将除盐以外的所有成分加入前一天准备好的面团中。揉至有弹性，加入盐。

c) 把面团分成三份，做成圆形面包。轻轻地将面包浸入面粉中，然后放在抹了油的烤盘上。

d) 让面包在冰箱中发酵约 **10** 小时。

e) 将面包在 **475°F (240°C)** 下烘烤 **25-30** 分钟。

5. 迷迭香面包

做 1 条面包

原料

- 3 盎司。（80 克）小麦酵母发酵剂
- 2 杯（250 克）小麦粉
- ½ 杯（125 毫升）水，室温
- 3½ 茶匙（10 克）新鲜酵母
- 1 茶匙（5 克）盐 1 汤匙橄榄油 新鲜迷迭香

方向

a) 混合所有成分，除了油和迷迭香，直到你有一个光滑的面团。让它上升 20 分钟。

b) 把面团擀开，做成一个大约十分之一英寸（3 毫米）厚的矩形。

c) 刷上橄榄油。将迷迭香切碎，撒在面团上。然后，将面团从长方形的短边向上卷起。固定两端。

d) 让面包发酵约 30 分钟，并在面团卷的中心划出一个深切口，使所有层都可见。让它再上升 10 分钟。

e) 初始烤箱温度：475°F (250°C)

f) 将面包放入烤箱。将一杯水洒在烤箱底部。将温度降至 400°F (210°C) 并烘烤约 20 分钟。

g) 在面团上刷上油，然后将迷迭香均匀地撒在上面。

h) 把面团卷起来。把两端捏在一起。

i) 面包发酵好后给它打分。

6. 芝麻麵包

做 3 个面包

原料

第 1 天

- 8½ 盎司。（240 克）小麦酵母发酵剂
- 1½ 杯（350 毫升）水，室温
- 1½ 杯（200 克）硬质小麦粉
- 200 克（1½ 杯）小麦粉

第 2 天

- 1 汤匙（15 克）盐
- 2¼ 杯 (250 g) 磨碎的奶酪，例如陈年瑞士奶酪或 Emmental
- ½ 杯（100 毫升）烤芝麻
- 3⅔ 杯（400 克）小麦粉（用量因使用的奶酪而异）碗用橄榄油

方向

a) 充分混合成分，在冰箱中发酵约 12 小时。

b) 提前从冰箱中取出面团，以确保它不会太冷。加入盐、奶酪、芝麻和面粉。奶酪越干，你需要的面粉就越少。搅拌均匀，放入铺有锡纸的抹了油的搅拌碗中发酵至两倍大。

c) 小心地将面团摊在桌子上，切成三等份。轻轻捏成圆饼。将面包放在抹了油的烤盘上，让面包发酵约 30 分钟。

d) 初始烤箱温度：450°F (230°C)

e) 将面包放入烤箱，将温度降至 400°F (210°C)。烤约 30 分钟。

f) 在干锅中烤芝麻。在混合面团之前让芝麻冷却。

g) 面团准备好后，小心地做成圆形面包。

h) 面包发酵三十分钟后，撒上面粉，轻轻地在面包顶部切开，然后将它们放入烤箱。

7. 绿藻面包

做一个面包

原料

- 1 杯（250 毫升）浓绿茶，微温
- 7 盎司（200 克）小麦酵母发酵剂
- 1 汤匙（15 克）盐
- 5 杯（600 克）小麦面粉橄榄油用于碗

方向

a) 混合成分并揉匀。让面团在抹了油并盖上盖子的碗中发酵 1 小时。

b) 轻轻地将面团倒在烤盘上。它应该稍微流出。

c) 轻轻折叠面包并将其放在涂有油脂的烤盘上。让它再上升 30 分钟。

d) 初始烤箱温度：475°F (250°C)

e) 将面包放入烤箱，在烤箱底部洒上一杯水。将温度降低到 400°F (200°C)。

f) 烤面包约 25 分钟。

8. 英式麵包

做 1 条面包

原料

- ¾ 盎司。(20 克) 新鲜酵母
- 1¼ 杯（300 毫升）水，室温
- 5½ 杯（650 克）全麦面粉
- 5 盎司。（150 克）小麦酵母发酵剂
- 1 汤匙（15 克）盐
- 1 汤匙原糖
- ¼ 杯（50 毫升）橄榄油
- 用于刷牙的融化黄油

方向

a) 将酵母溶解在少许水中。将所有成分充分混合并揉匀。如果您需要的水比指定的多，请尝试一次添加一点。该数量只是一个近似值，因为面粉的反应性可能会有所不同。

b) 将揉好的面团做成一条面包，让它发酵至体积翻倍，大约需要 45-60 分钟。

c) 在将面包放入烤箱之前，先在面包上刷一点融化的黄油。

d) 将面包放入烤箱，在烤箱底部洒上一杯水。将温度降低到 400°F (200°C)。

e) 烤面包约 30 分钟。

9. 胡萝卜面包

做 2-3 个面包

原料

- ½ 杯（100 毫升）牛奶，室温
- 1¾ 茶匙（5 克）新鲜酵母
- 1 汤匙（15 克）盐
- 3¾ 杯（450 克）全麦面粉
- 1 杯（100 克）燕麦片
- 5 盎司。（150 克）小麦酵母发酵剂
- 1 杯（200 毫升）水，室温
- 2 杯（250 克）磨碎的胡萝卜

方向

a) 将牛奶和酵母混合。混合所有材料，除了胡萝卜。将面团揉约 10 分钟。加入磨碎的胡萝卜，再揉一些。

b) 让面团在温暖的地方发酵 60-90 分钟。

c) 初始烤箱温度：475°F (250°C)

d) 把面包放在烤箱里烤 10 分钟。将温度降低到 350°F (180°C)，再烘烤大约 30 分钟。

e) 在不粘锅中烤燕麦。

f) 将面团揉约 10 分钟。加入磨碎的胡萝卜。

10. 橄榄包

做 2 个面包

原料

- 10½ 盎司。（300 克）斯佩尔特酵母发酵剂
- 6 杯（600 克）斯佩尔特面粉，过筛
- 1¼ 杯（300 毫升）水，室温
- 1 汤匙蜂蜜
- 1 汤匙盐
- ⅔ 杯（150 克）去核橄榄，最好是绿色和黑色的混合

方向

a) 混合除橄榄以外的所有材料。彻底揉捏。面团应该相当"弱"。将面团压平成直径为 12 英寸（30 厘米）的"蛋糕"。切一半橄榄。加入切碎的橄榄，拌入整个橄榄。把面团卷起来，发酵 2-3 小时。把面团切成 2 块，做成面包。让面包再发酵 20 分钟。

b) 初始烤箱温度：475°F (250°C)

c) 将面包放入烤箱，将温度降至 400°F (200°C)。烤约 30-40 分钟。

d) 将面团折叠在橄榄上。

e) 面团发酵 2-3 小时后，将面团切成两半。

f) 塑造面包，使橄榄混合物变成橄榄混合物。

11. 燕麦面包

做 3 个面包

原料

- 1 批燕麦酸酵头

- $\frac{1}{2}$ 杯（125 毫升）水，室温

- $\frac{1}{2}$ 汤匙（10 克）盐

- 2 茶匙（15 克）蜂蜜

- 大约 $2\frac{1}{2}$ 杯（300 克）小麦粉

- 几片燕麦片

方向

a) 将除燕麦片以外的所有材料混合并揉匀。让面团发酵 **2-3** 小时。

b) 把面团做成三个圆形面包。刷上水，然后将面包浸入燕麦片中。让面团在抹了油的烤盘上再发酵 **45** 分钟。

c) 将面包在 **375°F (190°C)** 下烘烤约 **20** 分钟。

12. 麵包

做 1 条面包

原料

- 1 批小扁豆酸酵头

- $\frac{1}{4}$ 杯（50 克）橄榄油

- 2 茶匙（10 克）海盐

- $\frac{1}{2}$ 杯（100 毫升）水，室温

- 2 杯（250 克）小麦粉

方向

a) 混合成分并揉匀。如果面团太松，再加一点面粉。把面团放在冰箱里过夜。

b) 取出面团，再揉一会儿。把面团做成一个面包，放在抹了油的烤盘上。

c) 让面包在冰箱中发酵约 12 小时。

d) 将面包从冰箱中取出，在室温下静置 30 分钟，然后再放入烤箱。将面包在 400°F (200°C) 下烘烤约 30 分钟。

13. 甜黄斯馍包

做大约 30 个面包

原料

- 1⅔ 杯（400 毫升）牛奶，室温
- 7 盎司（200 克）小麦酵母发酵剂
- 9 杯（1 公斤）小麦粉
- 3½ 汤匙（30 克）新鲜酵母
- 1 杯（250 克）黄油
- 1 杯（200 克）糖
- 6 个蛋黄
- ½ 汤匙（10 克）盐
- 1 个用于刷牙的鸡蛋

方向

a) 将 1¼ 杯（300 毫升）牛奶与酸面团、一半面粉和酵母混合。让它上升约 1 小时。

b) 融化黄油，让它冷却。

c) 将所有材料与面团混合。将面团揉至光滑。

d) 把面团做成三十个左右的普通小圆面包或新月形，放在抹了油的烤盘上。

e) 让它们在一块布下上升,直到小圆面包的大小增加一倍。

f) 用打好的鸡蛋刷面包。在 **400°F (210°C)** 下烘烤约 **10** 分钟。

14. 蓝莓蛋糕

做 1-2 个蛋糕

原料

步骤 1

- 1$\frac{3}{4}$ 茶匙（5 克）新鲜酵母
- 1 杯（250 毫升）牛奶，室温
- 3 杯（375 克）小麦粉
- 3$\frac{1}{2}$ 盎司。（100 克）小麦酵母发酵剂

第 2 步

- 1 杯（200 毫升）牛奶，室温
- 3$\frac{3}{4}$ 杯（450 克）小麦粉
- $\frac{1}{2}$ 杯（100 克）糖
- $\frac{3}{4}$ 杯（175 克）融化的黄油，冷却
- 1 个柠檬中的 3-4 个鸡蛋皮 1 杯（150 克）葡萄干 装饰用糖粉

方向

a) 将酵母溶解在少许牛奶中。加入其他成分并充分混合。让面团发酵 1-2 小时。

b) 将所有原料加入面团中并充分混合。在 11 × 7 × 1 $\frac{1}{2}$ 英寸平底锅（1 $\frac{1}{2}$ 升）中填入一到两个涂有油脂并撒上面粉的面团。让面团发酵至大 30% 或 1 小时。

c) 在 390°F (200°C) 下烘烤 20-30 分钟。让蛋糕冷却后再从锅中取出。最后撒上糖粉。

d) 将面团与第二步的原料混合，搅拌均匀。

e) 用面团填满抹了油和撒了面粉的模具一半。

f) 切片前让烤好的蛋糕冷却。

15. 鞋垫

做大约 20 卷

原料

- 3½ 盎司。（100 克）小麦酵母发酵剂

- 3½ 杯（450 克）小麦粉

- ⅔杯（75 毫升）牛奶，室温 5¼ 茶匙（15 克）新鲜酵母

- 5 个鸡蛋

- ⅔杯（75 克）糖

- 1½ 汤匙（25 克）盐

- 1.5 杯（350 克）无盐黄油，软化

- 1 个用于刷牙的鸡蛋

方向

a) 将酵母与一半的小麦粉、牛奶和酵母混合。让混合物上升约 2 小时。

b) 加入除黄油外的所有成分并充分混合。然后，一点一点地加入黄油——一次大约 ¼ 杯（50 克）。揉好。

c) 盖上一块布，让面团发酵约 30 分钟。

d) 做成二十个小而光滑的面包。将它们放入纸杯蛋糕模具中，然后发酵至两倍大。用鸡蛋刷面包。

e) 将奶油蛋卷在 400°F (210°C) 下烘烤约 10 分钟。

16. 小麦胚芽

做大约 35 个面包

原料

- 2 杯（500 毫升）牛奶，室温

- 1¾ 盎司。（50 克）小麦酵母发酵剂

- 9½ 杯（1¼ 公斤）小麦粉

- 1 杯（200 克）黄油

- ½ 杯（75 克）新鲜酵母

- ½ 杯（165 克）白糖浆

- ½ 盎司。（15 克）磨碎的小豆蔻

- 1 茶匙（5 克）盐 1 个鸡蛋用于刷牙 珍珠糖用于装饰

方向

a) 将 1⅔ 杯（400 毫升）牛奶与酸面团和一半面粉混合。发酵约 1 小时。

b) 融化黄油，放凉。

c) 将酵母溶解在剩余的牛奶中。完成后，将所有成分加入第一个面团中并充分混合。揉至光滑。

d) 把面团做成三十五个小圆面包，放在抹了油的烤盘上。让它们在一块布下上升，直到它们的大小增加一倍。

e) 用打散的鸡蛋刷上面包,撒上少许珍珠糖。在 **400°F (210°C)** 下烘烤约 **10** 分钟。

黑麦面包

17. 黑麵包

原料

- $\frac{3}{4}$ 杯（200 毫升）水，室温
- 2 杯（200 克）磨细的黑麦粉
- $\frac{1}{2}$ 杯（100 克）磨碎的苹果，去皮

方向

a) 将这些成分混合在一起，在一个盖紧盖子的玻璃罐中静置 2-4 天。早晚搅拌均匀。

b) 当混合物开始起泡时，发酵剂就准备好了。从这一点开始，您所要做的就是"喂"面团，使其保持其风味和发酵能力。如果您将酸面团留在冰箱中，您应该每周用 $\frac{1}{2}$ 杯（100 毫升）水和 1 杯（100 克）黑麦粉喂它一次。如果您将酸面团保持在室温下，则应每天以相同的方式喂食。稠度应该类似于浓粥。

c) 如果您还剩下酸面团，您可以将其冷冻在可容纳半杯的容器中或将其中的一部分晾干。

18. 菊万

做 2 个面包

原料

第 1 天

- $3\frac{1}{2}$ 盎司。（100 克）小麦酵母发酵剂

- 1 杯（200 毫升）水，室温

- $1\frac{1}{4}$ 杯（150 克）小麦粉

- $\frac{1}{2}$ 杯（50 克）未混合的黑麦面粉（即不含小麦的面粉） 充分混合所有成分。

第 2 天

- 2 杯（450 毫升）水，室温

- 6 杯（750 克）小麦粉 4 茶匙（20 克）海盐

方向

a) 把面团放在一个碗里，用保鲜膜盖住。将其存放在冰箱中过夜。

b) 在面团中加入水和面粉。揉好。加入盐。再揉面团 2 分钟。

c) 发酵 1 小时，然后轻轻捏成两个面包。

d) 让面包在布下发酵 45 分钟。

e) 初始烤箱温度：525°F (280°C)

f) 把面包放进烤箱。在烤箱底部洒上一杯水。将温度降至 450°F (230°C) 并烘烤 30 分钟。

g) 小心地将面团倒在撒了面粉的表面上。把它分成两部分。

h) 轻轻折叠面团。

i) 小心地将面团做成两个长方形面包。

19. 黑麥巧巴塔

做大约 10 个面包

原料

- 7 盎司（200 克）小麦酵母发酵剂
- ½ 杯（50 克）细黑麦面粉
- 4 杯（500 克）小麦粉
- 大约 1⅔ 杯（400 毫升）水，室温
- ½ 汤匙（10 克）盐
- 碗用橄榄油

方向

a) 将除盐以外的所有材料混合，搅拌均匀。加入盐。

b) 把面团放在抹了油的搅拌碗里。盖上塑料薄膜，让面团在冰箱里放置一夜。

c) 第二天，轻轻地将面团倒在烤盘上。

d) 把面团折叠起来，放在冰箱里大约 5 个小时，每小时折叠一次。

e) 把面团倒在桌子上。把它切成大约 2 × 6 英寸（10 × 15 厘米）的小块，放在涂了油的烤盘上。让它们在冰箱中再发酵 10 小时。这就是为什么制作这个面包需要大约 2 天的时间。

f) 初始烤箱温度：475°F (250°C)

g) 把面包放在烤箱里。将一杯水洒在烤箱的地板上。将温度降至 400°F (210°C) 并烘烤约 15 分钟。

h) 把面团折叠起来，放在冰箱里大约 5 个小时。在这段时间内重复折叠一次。

i) 将面团放在撒了面粉的表面上，然后将其拉伸。

j) 将面团切成约 2 × 6 英寸（10 × 15 厘米）的小块。

20. 法式麵包

做 1 条面包

原料

- 2 杯（500 毫升）水，室温

- 5 杯（600 克）小麦粉

- 2 杯（200 克）斯佩尔特面粉，过筛

- $4\frac{1}{2}$ 盎司。（125 克）小麦酵母发酵剂

- $4\frac{1}{2}$ 盎司。（125 克）黑麦酵母发酵剂

- 1.5 汤匙（25 克）碗用盐橄榄油

方向

a) 混合除盐以外的所有材料，直到面团光滑。

b) 面团揉好后，加入盐。继续揉几分钟。将面团放入涂有油的搅拌碗中，并盖上布。

c) 让面团发酵约 2 小时。

d) 把面团倒在撒了面粉的桌子上，做成一个长面包。让它上升约 40 分钟。

e) 初始烤箱温度：525°F (270°C)

f) 将面包放入烤箱，在烤箱底部洒上一杯水。将温度降低到 450°F (230°C)。

g) 烤约 30 分钟。

21. 榛面包

做 2 个面包

原料

- 2 杯（500 毫升）水，室温
- 16 盎司（450 克）黑麦酵母发酵剂
- $3\frac{3}{4}$ 杯（450 克）小麦粉
- $2\frac{1}{4}$ 杯（225 克）斯佩尔特面粉，过筛
- $2\frac{1}{4}$ 杯（225 克）细黑麦粉
- $1\frac{1}{2}$ 汤匙（25 克）盐
- $2\frac{1}{2}$ 杯（350 克）整个榛子
- 碗用橄榄油

方向

a) 将除盐和坚果外的所有成分混合在一起。把面团揉好。

b) 加入盐和坚果，揉成面团。

c) 将面团放入涂有油的塑料搅拌碗中，发酵约 3 小时。

d) 将面团分开并塑造成 2 个面包，然后将它们放在涂有油脂的烤盘上。再起床一个小时左右。

e) 初始烤箱温度：525°F (270°C)

f) 将面包放入烤箱并将温度降至 450°F (230°C)。

g) 烤面包 30-40 分钟。

22. 俄斯面包

做 1 条面包

原料

- 26½ 盎司。（750 克）黑麦酵母发酵剂
- 1¼ 杯（300 毫升）水，室温
- 3½ 茶匙（20 克）盐
- 1 汤匙（10 克）香菜种子
- 2½ 杯（300 克）小麦粉
- 3 杯（300 克）斯佩尔特面粉，过筛

方向

a) 将材料混合并揉至面团光滑。让它在布下发酵 1 小时。

b) 把面团做成一个大的圆形面包。把它放在抹了油的烤盘上，盖上一块布。

c) 让面团发酵 1-2 小时。

d) 在将其放入烤箱之前，在面团上撒上面粉。在 400°F (210°C) 的烤箱中烘烤约 40-50 分钟。

23. 丹麦黑麦面包

做 3 个面包

原料

第 1 天

- 2 杯（500 毫升）水，室温
- 3 杯（300 克）全麦黑麦粉
- 1 盎司。（25 克）黑麦酵母发酵剂

第 2 天

- 4 杯（1 升）水，室温
- 8 杯（800 克）全麦黑麦粉
- 2 杯（250 克）全麦面粉
- 2 汤匙（35 克）盐
- 4½ 盎司。（125 克）葵花籽
- 4½ 盎司。（125 克）南瓜子
- 2½ 盎司。（75 克）整颗亚麻籽

方向

a) 将成分充分混合，在室温下放置过夜。

b) 将前一天制作的面团与新原料混合。充分混合约 10 分钟。

c) 将面团分成三个 8 × 4 × 3 英寸（1.5 升）的面包盘。平底锅只能装满三分之二。让它在温暖的地方发酵 3-4 小时。

d) 初始烤箱温度：475°F (250°C)

e) 将平底锅放入烤箱，将温度降至 350°F (180°C)。在烤箱地板上洒一杯水。烤面包 40-50 分钟。

f) 第 2 天：将剩余成分与发酵剂混合。

g) 将面团充分搅拌约 10 分钟。

h) 将面团放入 8 × 4 × 3 英寸的面包盘（1 1/2 升）中。将锅装满不超过顶部的三分之二。让面团上升，直到面团到达锅的边缘。

24. 榛糖包

做 1 条面包

原料

- 2 杯（500 毫升）水，室温
- 14 盎司。（400 克）黑麦酵母发酵剂
- 4 杯（400 克）未混合的黑麦粉（即不含小麦粉）
- 4 杯（500 克）小麦粉
- 14 盎司。（400 克）整个核桃
- $3\frac{1}{2}$ 茶匙（20 克）盐
- 碗用橄榄油

方向

a) 混合除核桃和盐以外的所有材料。揉至面团光滑。

b) 面团揉好后，加入盐和核桃。继续揉几分钟。

c) 然后，将面团放入抹了油的搅拌碗中，并用布盖住。

d) 让面团发酵约 2 小时。

e) 把面团放在撒了面粉的表面上，然后把它做成一个圆形的面包。让它在抹了油的烤盘上发酵约 30 分钟。

f) 初始烤箱温度：475°F (250°C)

g) 将面包放入烤箱，在烤箱底部洒上一杯水。将温度降低到 **450°F (230°C)**。

h) 烤面包约 **30** 分钟。

i) 面团揉好后，加入盐和核桃。再揉几分钟。

j) 面团发酵好后，切成两块。

k) 将烤盘上的碎片稍微压平。

25. 椰蓉包

做 1 条面包

原料

步骤 1

- $\frac{1}{2}$ 个普通大小的橙子

第 2 步

- 橘皮片
- 7 盎司（200 克）黑麦酵母发酵剂
- 1 杯（200 毫升）水，室温
- $\frac{1}{2}$ 汤匙（10 克）盐 1 茶匙（5 克）茴香
- 大约 6-7 杯（600-700 克）斯佩尔特面粉，过筛

方向

a) 剥橘子。将果皮在水中煨几分钟。从水中取出，让它稍微冷却。

b) 用勺子刮去果皮内侧的白色部分。将果皮切成小块。

c) 混合所有成分，但慢慢加入最后几杯面粉。斯佩尔特面粉不像普通小麦粉那样吸收液体。揉好。

d) 让面团发酵约 30 分钟。

e) 把面团做成圆形面包，放在抹了油的烤盘上。让面团发酵至两倍大；这可能需要几个小时。

f) 在 400°F (200°C) 下烘烤约 25 分钟。

g) 将面包从烤箱中取出后,用水刷一遍。

26. 茴香麵包

做 1 条面包

原料

- 3 杯（300 克）磨细的黑麦粉

- 2.5 杯（250 克）斯佩尔特面粉，过筛

- 10½ 盎司。（300 克）黑麦酵母发酵剂

- ½ 汤匙（10 克）盐

- 4 茶匙（20 克）原糖

- 1¼ 杯（300 毫升）低酒精度啤酒，室温

- ½ 盎司。（15 克）碎茴香

- 1¾ 盎司。(50 克) 亚麻籽

方向

a) 混合所有成分。面团会很粘。在室温下静置约 1 小时。

b) 用手轻轻撒上面粉，轻轻揉面团。把面团做成一个大的圆形面包，放在抹了油的烤盘上。

c) 让面包发酵至两倍大。这可能需要几个小时。

d) 初始烤箱温度：450°F (230°C)

e) 将面包放入烤箱，在底部洒上一杯水。将温度降至 350°F (180°C) 并烘烤 45-55 分钟。

27. 向日葵面包

制作约 15-20 卷

原料

- 1¾ 茶匙（5 克）新鲜酵母
- 1¼ 杯（300 毫升）水，室温
- 3 杯（300 克）磨细的黑麦粉
- 2½ 杯（300 克）小麦粉
- 7 盎司（200 克）黑麦酵母发酵剂
- 1 汤匙（15 克）盐
- 3 汤匙（50 克）蜂蜜
- ⅔ 杯（150 毫升）葵花籽
- 1 汤匙（10 克）孜然

方向

a) 将酵母溶解在少许水中。加入所有成分并充分混合。

b) 将面团放在温暖的地方发酵至两倍大。这将需要 1-2 小时。

c) 把面团做成十五到二十个小卷。将它们放在抹了油的烤盘上，让它们在温暖的地方发酵至两倍大。

d) 在 350°F (180°C) 下烘烤约 10 分钟。

e) 面团发酵好后揉成一个长卷。

f) 把面团切成十五到二十块。

g) 做成圆形面包,放在烤盘上发酵至两倍大。

28. 麵包

做 2 个面包

原料

- 约 1¼ 杯（300 毫升）啤酒，室温
- 7 茶匙（20 克）新鲜酵母
- 1 汤匙（15 克）盐
- 16 盎司（450 克）黑麦酵母发酵剂
- 5½ 杯（700 克）全麦面粉

方向

a) 将所有材料混合在一起，除了面粉。一次加入一点面粉，搅拌均匀。不要一次加入所有面粉；在添加更多面粉之前测试面团以确保它有弹性。

b) 揉好。

c) 让面团静置约 15 分钟。揉好。

d) 把面团做成两个面包，放在抹了油的烤盘上发酵，直到大约两倍大。在面包上撒一点面粉。

e) 初始烤箱温度：475°F (250°C)

f) 将面包放入烤箱，在底部洒上一杯水。将温度降低到 400°F (200°C)。

g) 烤面包约 45 分钟。

29. 脆黑麵包

制作大约 20 个饼干

原料

- 17½ 盎司（500 克）由全麦黑麦面粉制成的黑麦酵母发酵剂

- 17½ 盎司（500 克）小麦酵母发酵剂

- 5 杯（500 克）细黑麦粉

- ½ 汤匙（10 克）盐

方向

a) 将材料充分混合，让面团发酵约 2 小时。

b) 把面团擀得尽可能薄。切成饼干，放在抹了油的烤盘上。用叉子戳一下，防止面包冒泡。

c) 让饼干发酵 2-3 小时。

d) 在 400°F (210°C) 下烘烤大约 10 分钟。

30. 美蔬面包

制作 15 个饼干

原料

- $\frac{1}{2}$ 盎司。(10 克) 新鲜酵母

- 1⅔ 杯（400 毫升）冷水

- 3$\frac{1}{2}$ 盎司。（100 克）黑麦酵母发酵剂

- 3$\frac{1}{2}$ 盎司。（100 克）小麦酵母发酵剂

- 3 杯（300 克）全黑麦粉

- 4$\frac{1}{4}$ 杯（550 克）小麦粉

- 1 汤匙（15 克）盐

- $\frac{1}{2}$ 盎司。（15 克）八角海盐用于浇头

方向

a) 将酵母溶解在水中并与酸面团混合。加入面粉并彻底揉匀。让面团静置约 15 分钟。

b) 加入盐和茴香，再次揉面团。放在一个用塑料薄膜覆盖的碗里。让它在冰箱里发酵一夜。

c) 第二天，把面团切成十五块。把每一块面团擀成薄薄的饼干。为了防止面团粘在一起，在擀面杖上轻轻撒上面粉。偶尔将饼干翻过来，以确保您将面团正确摊开。

d) 把饼干放在铺有羊皮纸的烤盘上。用叉子戳它们。根据口味撒少许海盐。

e) 将饼干在约 400°F (210°C) 的温度下烘烤 15 分钟。让饼干在冷却架上晾干。

f) 把面团做成卷状,切成十五块。

g) 将每一块面团卷成薄薄的威化饼。在面团上轻轻涂上面粉,以防止它粘在擀面杖上。

h) 用叉子刺破饼干。撒上海盐,放在铺有羊皮纸的纸上。

31. 薄脆饼干

制作 6-8 个大饼干

原料

- ¾ 杯（200 毫升）高脂酸奶
- 7 盎司（200 克）黑麦酵母发酵剂
- 2 茶匙（15 克）蜂蜜
- ½ 汤匙（10 克）盐
- 4 杯（500 克）小麦粉

方向

a) 将所有材料混合并彻底揉成面团。

b) 将面团切成六到八块圆形。将碎片卷成薄薄的晶圆。在表面和面团上轻轻撒上面粉，以防止面团粘在一起。把饼干放在抹了油的烤盘上，用叉子戳一下。

c) 将饼干在 430°F (220°C) 下烘烤约 10 分钟。让它们在冷却架上晾干。

d) 把面团擀成一个长圆柱，切成六到八块。

e) 尽量把面团擀薄。

f) 用叉子戳。

32. 豆包

做 1 条面包

原料

第 1 步（面团前）

- 1 批土豆酸酵头

- 2 杯（250 克）小麦粉

- $1\frac{3}{4}$ 盎司。（50 克）玫瑰果壳

第 2 步

- $\frac{3}{4}$ 杯（200 毫升）水，室温

- $\frac{1}{2}$ 汤匙（10 克）盐

- $\frac{1}{2}$ 杯（50 克）磨细的黑麦粉

- 2 杯（200 克）斯佩尔特面粉，过筛

方向

a) 将酵母和面粉混合，在冰箱中放置约 8 小时。

b) 将玫瑰果壳浸泡在一个单独的碗中。

c) 从冰箱中取出预面团。添加上面列出的成分，加上沥干的玫瑰果壳。

d) 把面团揉好，做成一个面包。放在抹了油的烤盘上，放在一块布下面，直到它变大一倍。这可能需要几个小时。

e) 将面包在 400°F (200°C) 下烘烤约 25 分钟。

全麦面包

33. 拖鞋麵包

做 2 个面包

原料

- 35 盎司（1 公斤）斯佩尔特酵母发酵剂
- 1 汤匙（15 克）盐
- 3 汤匙（25 克）新鲜酵母
- 2½ 汤匙（35 毫升）糖浆（可用深色糖浆代替）
- ½ 杯（100 毫升）水，室温
- 6 杯（625 克）细黑麦粉
- 1¾ 杯（225 克）小麦粉

方向

a) 将配料充分混合，发酵约 30 分钟。

b) 轻轻捏成两个长方形面包，撒上面粉。让面包发酵到两倍大（如果可能的话，让它们在篮子里发酵）。

c) 初始烤箱温度：475°F (250°C)

d) 将面包放入烤箱，在烤箱地板上洒一杯水。将温度降低到 375°F (195°C)。

e) 烤约 30 分钟。

34. 盖尔米派斯特黑麦面包

原料

- 1 杯糙米粉
- 1 杯白米粉
- 1 杯斯佩尔特面粉
- $3\frac{1}{2}$ 茶匙 黄原胶
- $\frac{1}{4}$ 杯 + 2 茶匙糖
- $1\frac{1}{2}$ 茶匙盐
- $1\frac{1}{3}$ 杯脱脂奶粉，融化
- 2 个大鸡蛋，打得很好
- $1\frac{3}{4}$ 杯温水

方向

a) 将除温水外的所有原料放入面包盘中，然后按开始。

b) 在机器揉捏的同时，逐渐倒入水。如果面团不能很好地混合，请使用橡皮刮刀辅助。

c) 烘烤周期结束后，从锅中取出并放在金属架上，冷却 1 小时后再切片。

35. 斯佩尔特面包

产量：1 份

原料

- 3¼ 杯全斯佩尔特面粉；（分开使用）
- 1 包活性干酵母
- 1 杯水
- ⅓ 杯蜂蜜
- ¼ 杯人造黄油或黄油
- 1 茶匙盐
- 1 个鸡蛋

方向

a) 在一个大碗里混合两杯斯佩尔特面粉和酵母。在平底锅中，加热并搅拌水、蜂蜜、人造黄油和盐，直至温热。

b) 加入面粉中。加入鸡蛋。用电动搅拌器低速搅拌 30 秒。高打 3 分钟。加入剩余的面粉搅拌成柔软的面团。盖上盖子，发酵至两倍 - 45 - 60 分钟。

c) 将面团铺在涂有油脂的 **9 x 5 x 3** 面包盘中。盖上盖子，发酵 **30-45** 分钟，直到两倍大。在 **375** 度的温度下烘烤 **25** 到 **30** 分钟，或者直到轻敲时面包听起来是空心的。在烘烤的最后十分钟盖上箔纸。从锅中取出并冷却。

烤面包

36. 培根切达烤面包

产量：8 份

成分

- 1 酸面包
- 3 汤匙黄油
- 1½ 杯切达干酪
- 4 个培根段，沥干
- 2 汤匙新鲜欧芹

方向

a) 在每一片面包的一侧轻轻涂抹人造黄油。将人造黄油面朝下放置未涂油的饼干片。将奶酪、培根和欧芹均匀地撒在面包片上。

b) 准备烧烤时，将切片，人造黄油面朝下，直接放在中高温燃气烤架上或距离中高温煤 4 至 5 英寸的木炭烤架上

c) 煮 4 到 6 分钟或更长时间，直到最下面的面包烤好，奶酪融化。

37. 佩佩罗纳塔烤面包

产量：4个三明治

成分

- 2 鸡胸肉
- ½ 杯水
- 盐
- 现磨黑胡椒
- 4 枝迷迭香
- 2 汤匙特级初榨橄榄油
- 捏 热红辣椒片
- 1 个小洋葱，分段
- 1 个红甜椒，去核，去籽，切成厚条
- 1 个黄甜椒，去核，去籽，切成厚条
- 糖适量
- 6 颗油腌黑橄榄，去核并切碎
- 1 汤匙刺山柑

- 8个大薄片硬皮面包

- 2瓣大蒜，去皮并切碎

- 8片非常新鲜的罗勒叶，切丁

方向

a) 将鸡胸肉皮面朝上放入中度煎锅中并加水。用盐和胡椒调味鸡肉，然后将香草枝放在鸡肉上。煮，盖上盖子，中小火煮15-20分钟

b) 关火，在锅中冷却。

c) 在一个中等大小的煎锅中，加入橄榄油、红辣椒片和洋葱。

d) 中小火煎8分钟左右，经常搅拌

e) 加入辣椒，继续煮，盖上盖子，直到辣椒变软。

f) 烹饪快结束时，加入橄榄和刺山柑。用盐和胡椒调味

g) 当鸡肉可以处理时，取出皮肤和骨头以及任何脂肪或软骨。将每个乳房分成3个鱼片。再次对角切割成$\frac{1}{2}$英寸厚的碎片。

h) 烤面包两面。用切好的蒜瓣轻轻擦拭每一片面包的一侧。将4片面包压平。把鸡肉放在面包上面。上面是胡椒混合物，然后是罗勒。盖上剩余的4片面包。

38. 烤面包配西红柿

产量：4 份

成分

- 4 个大熟番茄
- ¼ 杯罗勒叶，撕开
- 6 段乡村风格面包，切成 1/2 英寸厚并减半
- 3 个大蒜瓣，轻轻压碎
- 盐和胡椒
- 4 汤匙橄榄油

方向

a) 把西红柿洗干净，切成小块。取出尽可能多的种子并切丁。

b) 把它们放在一个小盘子里，和罗勒叶混合。

c) 烤面包片并转动它们，使两面呈浅棕色。用蒜瓣擦拭每一段。

d) 用勺子舀一些番茄混合物在面包上，撒上盐和胡椒粉，撒上橄榄油。

39. 烤面包和番茄

产量：1份

成分

- 1 个小蒜瓣；切碎 1
- ⅓ 杯香醋 75 毫升
- 1½ 汤匙橄榄油 20 毫升
- ¼ 茶匙胡椒粉 1 毫升
- 盐适量
- 2 汤匙新鲜细香葱或大葱丁
- 新鲜罗勒或欧芹切丁
- 6 段法式或意大利面包
- 4 杯樱桃番茄；减半 1 L

方向

a) 在小盘子里，将大蒜、醋、油、胡椒和盐搅拌在一起。拌入韭菜和罗勒。

b) 烧烤或吐司面包

c) 将每一段切成 1.5 英寸/4 厘米的小块。

d) 将面包与樱桃番茄和调料混合。如有必要，品尝并调整调味料。

40. 烤面包和鳄梨酱

产量：1 份

成分

- 法式面包
- $\frac{1}{4}$ 杯橄榄油；关于
- 2 个成熟的鳄梨
- 2 汤匙洋葱丁
- $1\frac{1}{2}$ 汤匙新鲜柠檬汁
- 1 个蒜瓣；切丁
- $\frac{3}{4}$ 茶匙孜然粉
- 将面包斜切成 1/4 英寸厚的段

方向

a) 在 5 到 6 英寸的架子上分批烤面包，放在发光的煤上，旋转它，直到两面都烤熟，大约 3 分钟。

b) 将鳄梨减半并丢弃果核。将肉舀入食品加工机

c) 加入剩余的成分，搅拌至光滑。

d) 上面包，上面放上一团鳄梨酱

41. 鸭油烤面包

产量：4 份

成分

- 1 条硬皮法式面包
- 4 盎司鸭油；可在高档肉店购买
- 2 汤匙海盐；最多 3 个
- 1 汤匙新鲜迷迭香；切丁
- 2 个苹果

方向

a) 将面包切成 1 英寸厚的段，然后烤至深金黄色。

b) 用 1 到 2 茶匙鸭油涂抹每一段。

c) 在每一段撒上海盐，然后撒上迷迭香。

d) 与苹果一起加热切片。

42. 茄子烤面包

产量：6

成分

- 2 个茄子
- 2 个红甜椒
- 2 到 3 汤匙特级初榨橄榄油
- 1 瓣大蒜，非常薄 分段
- 6 段乡村或农民面包
- 1 个大丁香大蒜，减半
- 2 或 3 个成熟的小西红柿，对半交叉；明智的
- 特级初榨橄榄油
- 海盐调味

方向

a) 在烤架上准备热火或加热烤架。将茄子和红辣椒放在烤架上或放在烤架下方的浅平底锅中

b) 把蔬菜烤到完全变黑，茄子变软，每隔几分钟用钳子慢慢转动它们

c) 20 分钟后，打开蔬菜，剥去外皮。将辣椒纵向切成两半，取出核心，刮掉种子，将果肉切成细长的条状。

d) 将辣椒和茄子与橄榄油和大蒜混合在盘中。

e) 趁热烤面包；将一小部分大蒜擦到外壳和每个部分的一侧。将番茄的一半擦在吐司的大蒜擦过的一侧。

f) 撒上橄榄油，撒上盐，然后堆在卷曲的 *escalivada* 上。

43. 烤豆蔻楠面包

产量：8 份

成分

- 1 包封活性干酵母
- 1 汤匙蜂蜜
- 1 汤匙橄榄油+额外
- $3\frac{1}{2}$ 杯面包粉
- 1 汤匙盐
- 1 汤匙小豆蔻粉

方向

a) 在一个大盘子里，将酵母溶解在水中并加入蜂蜜搅拌。

b) 静置至起泡，约 10 分钟。加入 1 吨油、面粉、盐和小豆蔻，搅拌至面团形成粘性物质。

c) 将面团翻到撒了少许面粉的表面上，揉至光滑有弹性，大约需要 6 分钟。

d) 将面团分成 8 份，将每份揉成一个球。把球放在涂了油的烤盘上，刷上油。用塑料盖上盖子松散地盖上盖子，在温暖的地方发酵，直到体积翻倍，1 到 2 小时。

e) 点燃烤架或加热烤盘或铸铁烤盘。

f) 在每个 Nan 上轻轻刷上橄榄油，烤约 1 分钟，直到呈金黄色

44. 烤切达葡萄干面包

产量：1 份

成分

- 3 汤匙无盐黄油；软化
- 8 段葡萄干面包
- ½ 磅 薄片状超锋利切达干酪
- 8 段培根；煮至酥脆，用纸巾吸干

方向

a) 在一张大蜡纸上，在每个面包片的一侧涂上黄油，然后将面包片翻过来。

b) 将切达干酪放在未涂黄油的面包边上，均匀地盖上盖子面包，在上面的 4 个奶酪内衬部分上铺上培根。把剩下的奶酪面包翻到培根上。

c) 用中火加热不粘锅至热，然后分批烹制三明治，用金属刮刀轻轻按压，直到底部呈金黄色，大约 1 分钟。

d) 把三明治翻过来煮，再次按压，直到底部呈金黄色，奶酪融化，大约 1 分钟。

45. 烤奶酪面包的喜悦

产量：1 份

成分

- 6 段面包
- 3 厚片奶酪
- $\frac{1}{2}$ 茶匙 碎红辣椒
- 盐适量
- 一块黄油

方向

a) 并排放置 3 段。

b) 在每个上面放一段奶酪。

c) 撒上辣椒，盖上第二片面包。

d) 把每个切成四分之一。

e) 在小串中，每个推 2 个季度。

f) 在烧烤的热煤上烧烤

46. 烤土豆饼

产量：100 份

成分

- 1 杯黄油
- 9 个鸡蛋
- 1 杯牛奶
- 22 磅土豆
- $4\frac{1}{2}$ 杯面包
- $1\frac{1}{2}$ 茶匙黑胡椒
- 2 汤匙盐

方向

a) 用盐水盖上盖土豆；煮滚; 减少热量

b) 将土豆在搅拌盘中低速搅拌至碎成小块，约 1 分钟。

c) 加入黄油或人造黄油和胡椒粉。高速搅拌 3 至 5 分钟或直至光滑。

d) 重构牛奶；加热至文火；低速拌入土豆，拌入混合的全蛋。做成肉饼。

e) 在面包屑中挖出肉饼。

f) 在抹了少许油的烤盘上每边烤 3 分钟，或烤至金黄色。

47. 烤法式面包卷

产量：1份

成分

- $\frac{3}{4}$ 杯橄榄油
- 6 瓣大蒜；扁平化
- 18 个大法式面包卷
- 新鲜的胡椒粉

方向

a) 用中低火在重中火煎锅中加热橄榄油。加入大蒜，煮至浅棕色，大约 4 分钟。

b) 准备好的烧烤

c) 拆分水平滚动分数。用大蒜油刷切面。

d) 撒上大量的胡椒粉。

e) 烤卷，涂油面朝下，直到金黄色。趁热食用或在室温下食用。

48. 垃圾邮件烤奶酪英雄

产量：4 份

成分

- 4 段瑞士奶酪
- 2 个李子西红柿，切成薄片
- 8 段意大利面包
- 1 可以垃圾邮件
- $\frac{1}{4}$ 杯第戎芥末酱
- $\frac{1}{4}$ 杯切成薄片的洋葱
- 4 段美国奶酪
- 2 汤匙黄油或人造黄油

方向

a) 将奶酪和西红柿均匀地铺在 4 个面包片上。将垃圾邮件放在西红柿上。

b) 撒上洋葱和更多的奶酪。

c) 在大煎锅中，融化黄油。加入三明治，用中火烤至焦黄和奶酪融化，旋转一次。

49. 烤帕尼尼

产量：1 份

成分

- 1 茶匙酵母
- $3\frac{1}{4}$ 杯 高级面粉
- $1\frac{1}{2}$ 茶匙盐
- $\frac{1}{2}$ 茶匙糖
- $1\frac{1}{4}$ 杯卢克温水
- 3 汤匙橄榄油

方向

a) 按所列顺序将配料放入面包机平底锅中。

b) 循环结束后，将面团分成六份。

c) 在撒了少许面粉的表面上将面团揉成球，然后擀成大约比萨饼底厚的椭圆形。

d) 将帕尼尼烤约 7 分钟或直至膨化但不变成褐色。

e) 将帕尼尼纵向切成小部分，保持边缘像书一样连接。

f) 加入您最喜欢的奶酪、泡菜和沙拉配料的混合物

g) 加热三明治烤架，将帕尼尼烤至金黄色。

50. 烤牧场面包

产量：1 份

成分

- 1 粘上黄油或人造黄油；
- 2 条法式面包；削减分数

方向

a) 将混合物涂抹在面包上。

b) 将面包放在烤架下 23 分钟至金黄色。

51. 香草洋葱烤面包

产量：6 份

成分

- 1 包活性干酵母
- 1¼ 杯温水
- 1½ 杯全麦或糙米粉
- 1 束葱
- 1 汤匙迷迭香；切丁
- 1 汤匙百里香；切丁
- 1 汤匙鼠尾草；切丁
- 1 汤匙橄榄油
- 2 茶匙盐
- 2 杯未漂白面粉
- 烹饪喷雾

方向

a) 在一个大盘子里，将酵母溶解在水中，静置至起泡，大约 10 分钟。慢慢加入全麦面粉、葱、迷迭香、百里香和鼠尾草。

b) 加入橄榄油、盐和 1.5 杯白面粉搅拌成硬面团。转到撒了少许面粉的表面上，揉 10 分钟，必要时加入更多面粉以防粘连。做成一个球，放在一个大的，轻轻喷洒的盘子里，把涂油的一面朝上。

c) 把烤架加热到中等热度。将面团分成六个球。在撒了少许面粉的表面上，将球滚成 7 英寸

d) 轻轻地将面包放在烤架上，每边煮 2 到 3 分钟，偶尔旋转，直到有明显标记并变成褐色。

52. 胡椒烤大蒜面包

产量：8 份

成分

- 1 粘上无盐黄油；室内温度
- 3 瓣大蒜；按下
- 1 茶匙胡椒粉
- 1 茶匙新鲜柠檬汁
- 16 段法式面包
- ⅓ 杯橄榄油

方向

a) 将前 4 种材料混合在小盘中

b) 用盐调味

c) 用油轻轻刷面包的两面

d) 烤至略脆且呈浅棕色，每面约 2 分钟。

e) 用大蒜黄油涂抹面包的两面。

53．索菲托烤面包

产量：1 份

成分

- 1 杯红甜椒丁
- ½ 杯洋葱丁
- ¼ 杯包装新鲜香菜小枝
- 2 瓣大蒜，切碎
- 1 茶匙干牛至，碎
- ½ 茶匙孜然种子
- 12 段脱脂面包

方向

a) 在搅拌机中，将除面包外的所有原料搅拌至光滑。在一个小而重的平底锅里煨索菲托，搅拌，3 分钟，用盐和胡椒调味。

b) 铺在每个面包段的一侧，烤架，sofrito 面朝下，放在一个 5 到 6 英寸的 Pam 喷涂架上，放在发光的煤上，直到金黄色，大约 2 分钟。

54. 蛋黄烤牛肝菌

产量：4 份

成分

- 2 磅新鲜牛肝菌
- 3 汤匙特级初榨橄榄油加
- 2 汤匙
- 4 个鸡蛋，巨型

方向

a) 将蘑菇切成 1/4 英寸厚，撒上油、盐和胡椒粉。将蘑菇放在烤架上，煮至嫩多汁，每边约 2 分钟。

b) 同时，将剩余的油在不粘的 12 英寸平底锅中加热至冒烟

c) 将鸡蛋打碎，小心保持蛋黄完好无损，放入平底锅中煮至蛋白凝固。从火中取出平底锅，静置 3 分钟。把蘑菇拿出来盛在盘子里。

d) 切掉蛋清，小心地将蛋黄放在蘑菇上，即可食用。

55. 烤玉米面包

原料

- 1 杯玉米面
- 1 杯面粉
- 2 茶匙。发酵粉
- 3/4 茶匙。盐
- 1 杯牛奶
- 1/4 杯植物油

方向

a) 混合干燥的成分。搅拌液体。

b) 用勺子舀入抹了油的烤盘

c) 煮至中间硬。

鞋垫

56. 美祿冬甩

产量：16 份

成分

- $\frac{1}{2}$ 杯牛奶
- $\frac{1}{2}$ 杯黄油
- $\frac{1}{2}$ 杯糖
- 1 茶匙盐
- 1 包酵母
- $\frac{1}{4}$ 杯温水
- 1 个鸡蛋；分开的
- 3 个全蛋；殴打
- $3\frac{1}{4}$ 杯面粉；过筛

方向

a) 把牛奶烫一下，冷却至微温。

b) 奶油黄油，逐渐加入糖。加盐。

c) 在水中软化酵母。

d) 混合牛奶、奶油混合物和酵母。加入蛋黄、全蛋和面粉，用木勺搅拌 2 分钟。

e) 盖上盖子，放在温暖的地方发酵，直到体积增加一倍以上，大约 2 小时或更短时间。

f) 搅拌均匀并彻底搅拌。用箔纸盖紧并冷藏过夜。

g) 预热烤箱至热（425F）；将机架靠近底部。

h) 把面团搅拌下来，放在撒了面粉的板上。切掉略少于四分之一的面团并保留。

i) 把剩下的面团切成 16 块，做成大小相等的球。

j) 放入抹了油的松饼盘（$2\frac{3}{4} \times 1\frac{1}{4}$ 英寸深）。

k) 将较小的一块面团切成 16 块，做成光滑的球。稍微润湿手指，在每个大球上做一个凹陷。在每个凹陷处放置一个小球。盖上盖子，放在温暖的地方发酵至两倍大，大约 1 小时。

l) 用一茶匙糖打剩余的蛋清。刷在奶油蛋卷上。烘烤至棕色，或 15 - 20 分钟。

57. 编织巧克力卷

产量：1 份

成分

- $\frac{1}{2}$ 杯水
- 2 个大鸡蛋
- 2 个大蛋黄
- $\frac{1}{4}$ 磅黄油或人造黄油
- $2\frac{1}{2}$ 杯通用面粉
- 3 汤匙糖
- $\frac{1}{2}$ 茶匙盐
- 1 包活性干酵母
- 2 磅面包：
- $\frac{1}{2}$ 杯水
- 3 个大鸡蛋
- 2 个大蛋黄
- $\frac{3}{8}$ 磅黄油或人造黄油
- $3\frac{1}{2}$ 杯通用面粉

- $\frac{1}{4}$ 杯糖

- $\frac{1}{2}$ 茶匙盐

- 1 包活性干酵母

方向

a) 根据制造商的说明将配料添加到面包机锅中。

b) 选择甜味或面团循环。3. 在循环结束时，将面团刮到涂有通用面粉的板上。将面团分成 3 等份。如果制作 1.5 磅重的面包，将每一块卷起来形成约 12 英寸长的绳索。

c) 对于 2 磅重的面包，将每块面包卷成一根约 14 英寸长的绳子。将绳索平行放置在涂有黄油的 14 × 17 英寸烤盘上，间隔约 1 英寸。

d) 将绳子的一端捏在一起，松散地编织，然后将编织物的末端捏在一起。

e) 用保鲜膜轻轻盖上面包，放在温暖的地方直到蓬松，大约 35 分钟。去除塑料包装。

f) 将 1 个大蛋黄与 1 汤匙水混合。用鸡蛋混合物刷辫子。

g) 将编织物在 350 F 烤箱中烘烤至金黄色，约 30 分钟。切片前至少在架子上冷却 15 分钟。热食、热食或凉食。

58. 水果蛋糕卷

产量：6 份

成分

- 1 汤匙新鲜酵母
- 150 毫升温牛奶
- 250 克面粉
- 4 鸡蛋打散
- 1 撮盐
- 4 汤匙糖
- $\frac{1}{2}$ 杯杏仁
- $\frac{1}{2}$ 杯榛子
- $\frac{1}{4}$ 杯葡萄干或葡萄干
- $\frac{1}{3}$ 杯葡萄干
- $\frac{1}{3}$ 杯杏干，切片
- 几颗糖霜樱桃
- 170 克纯新西兰无盐奶油黄油，软化但未融化

方向

a) 将烤箱预热至 170 摄氏度。将酵母溶解在牛奶中。加入面粉、鸡蛋、盐、糖、坚果和水果。打好。盖上盖子,放在温暖的地方发酵至两倍大。

b) 冲下,加入黄油,搅拌均匀,确保没有黄油块。倒入涂有黄油的面包罐中(混合物应填满一半)。

c) 允许再次上升,直到锡是 $\frac{3}{4}$ 满。在 170 C 下烘烤,直到烤肉串干净——大约 20-25 分钟。切片前冷却 6.

59. 香莓瑪芬

产量：2份

成分

- 3 信封活性干酵母
- ½ 杯温牛奶（约 110 度）
- 1 个香草豆，分裂
- 5 杯面粉
- 6 个鸡蛋
- ½ 杯温水（110 度）
- 3 汤匙糖
- 2 茶匙盐
- 3 根棍子加 2 汤匙
- 黄油，室温
- 1 个蛋黄，打散

方向

a) 将烤箱预热至华氏 400 度。将酵母和牛奶放入一个小碗中，搅拌以溶解酵母。加入 1 杯面粉，搅拌均匀。用刀刮香草豆，将果肉搅拌到酵母混合物中。在室温下，在温暖、无通风的地方静置约 2 小时以进行发酵。

b) 将 2 杯面粉放入一个大的搅拌碗中。加入 4 个鸡蛋，一次一个，每次加入时用木勺将其彻底打入面粉中。面团会变得粘稠、厚实和海绵状。

c) 加入水、糖和盐，搅拌均匀，用力搅拌。加入 3 支黄油，用手将其加入面团中，直到充分混合。加入剩余的 2 个鸡蛋，充分混合到面团中。加入剩余的 2 杯面粉并混合到面团中，用手指将任何结块打碎。加入酵母混合物。

d) 用你的手，把发酵剂揉成面团。继续揉和折叠，直到完全混合，大约 5 分钟。面团会又粘又湿。盖上一块干净的布，放在温暖、无通风的地方发酵至两倍大，约 2 小时。

e) 做面包，用剩下的 2 汤匙黄油在两个 **9x5x3** 英寸的面包盘上轻轻涂上黄油。要制作面包卷，请在 12 个标准尺寸的松饼杯上涂上黄油。用你的手指轻轻地把面团打下来。将面团分成 2 等份，放入平底锅中。

f) 对于面包卷，将面团分成 12 等份，放入松饼杯中。在顶部刷上蛋黄。盖上盖子，放在温暖、无气流的地方发酵至两倍大，大约 1 小时。

g) 把面包烤 25 到 30 分钟，面包卷烤 20 分钟，或者直到金黄色。从烤箱中取出平底锅，放在金属架上冷却。把面包或面包卷从锅里拿出来，放在金属架上完全冷却。

60. 马铃薯面包卷

产量：1 份

成分

- 1.5 磅煮土豆，去皮并切成四等份
- 4 汤匙无盐黄油，切成块，在室温下
- 3 个大蛋黄
- $\frac{1}{2}$ 茶匙盐
- 白胡椒调味
- 1 茶匙牛奶
- 8 个涂有黄油的微型奶油蛋卷模具，顶部尺寸为 2 1/2 英寸，冷藏

方向

a) 在水壶中，用冷水盖住土豆，然后将盐水煮沸。炖土豆 12 到 15 分钟，或者直到它们变软。将土豆沥干，然后将它们通过碾米机倒入碗中。

b) 加入黄油、2 个蛋黄、盐和白胡椒粉，让混合物冷却至少 20 分钟或最多 2 小时。

c) 将烤箱预热至 425 华氏度。

d) 将 **1/4** 杯混合物转移到撒了少许面粉的表面上,用撒了少许面粉的手捏下一块大理石大小的东西,然后保留。将较大的部分滚成一个光滑的球,然后将其轻轻放入其中一个冷冻模具中。在球的顶部轻轻地做一个浅凹痕,将保留的大理石大小部分形成一个光滑的球,然后小心地将其放入凹痕中。

e) 在一个小碗里,将最后一个蛋黄和牛奶混合,然后将蛋液刷到每个奶油蛋卷上,小心不要让它从模具的侧面掉下来。在烤盘上烤 **25** 到 **30** 分钟,或者直到它们变成金黄色。让它们在架子上冷却 **20** 分钟。

f) 用金属串松开边缘并翻转以小心地从模具中取出。

g) 它们可能会提前一天制作。冷藏并盖上盖子,在 **400** 华氏度下重新加热 **15** 分钟。

皮塔饼

61. 基础烙饼

产量：24 个小皮塔饼

成分

- 2 杯温水
- 2 汤匙酵母
- ½ 茶匙糖
- 2 茶匙盐
- 5 杯白面粉

方向

a) 将水倒入一个大碗中，加入酵母。搅拌并加入糖和盐。逐渐加入面粉，不断搅拌，直到混合物变得光滑。用手在另外 ½ 杯面粉中工作，边揉边揉，直到面团不再粘稠。在板上再揉 5 分钟。

b) 将面团擀成长方形。将其纵向切成两半，分成 24 份（或制作 12 个大皮塔饼）。将每个部分塑造成一个光滑的球，并将每个球放在撒了面粉的表面上。盖上湿布。将每个球压平。用擀面杖将每一轮从中心向外滚动，每卷将面团转动 1/4 圈。

c) 一个小皮塔饼的直径应为 5 到 5½ 英寸，厚为 1/4 英寸。（大的应该是 8 英寸的直径）。把皮塔饼翻过来，抚平任何折痕。

d) 在面包发酵完成前 15 分钟，将烤箱预热至 500F，并加热未抹油的烤盘。当每条面包卷起来时，将其放在撒了面粉的表面上，用干干净的毛巾盖住，发酵 30 到 45 分钟。将皮塔饼放在热烤盘上。

e) 在烤箱的底部架子上烘烤，直到底部膨化并呈浅棕色，小的大约 4 分钟，大的大约 $3\frac{1}{2}$ 分钟。如果需要，把皮塔饼翻过来，另一面变成棕色。

f) 从烤箱中取出，用干毛巾包裹，直到冷却到可以处理。

g) 趁热食用或在室温下食用。

62. 牛肉酥餅

产量：12 份

成分

- 2 磅碎牛肉
- 1 个中等大小的洋葱，切碎
- 4 瓣大蒜，切碎
- $\frac{1}{2}$ 磅新鲜蘑菇，切片
- 1 月桂叶
- $1\frac{1}{4}$ 茶匙盐
- $\frac{1}{2}$ 茶匙辣椒粉
- $\frac{1}{2}$ 茶匙孜然粉
- $\frac{1}{4}$ 茶匙肉桂
- 8 盎司番茄酱
- 欧芹小枝
- 12 个樱桃番茄
- $\frac{1}{3}$ 杯勃艮第或玫瑰酒
- 1 个鸡蛋

- 8 盎司奶油芝士，软化

- 1 杯奶油干酪

- $\frac{1}{2}$ 杯碎羊乳酪

- $\frac{1}{2}$ 杯无盐黄油，融化

- 8 盎司 Phyllo 叶子

- $\frac{1}{4}$ 杯干面包屑

- 新鲜水果烤肉串

方向

a) 将碎牛肉、洋葱和大蒜放入一个大煎锅中；做饭，经常搅拌，直到牛肉失去粉红色。倒掉水滴。

b) 加入蘑菇、月桂叶、盐、辣椒粉、孜然粉和肉桂；煮，经常搅拌，直到蘑菇变软约 5 分钟。拌入番茄酱和酒；煮，盖满，10 分钟，偶尔搅拌。

c) 去除月桂叶。准备奶酪馅料时冷却。在中等大小的碗中混合鸡蛋和奶油芝士，用电动搅拌器打至顺滑。

d) 拌入干酪和羊奶酪并混合。在 13 x 9 英寸的烤盘上刷上融化的黄油。将烤盘与 1 张糕点排成一行，使糕点与烤盘的轮廓相吻合。（糕点会出现在锅的边缘。）用黄油刷糕点。再铺上 3 张糕点，每张都刷上黄油。

e) 将面包屑均匀地撒在上面。将 ⅓ 的肉馅放在面包屑上，将 ⅓ 的奶酪馅放在肉上。将 1 张糕点片放在奶酪馅上，起皱以适合平底锅的尺寸；刷上黄油，涂上 ⅓ 肉和 ⅓ 奶酪馅。

f) 再重复 3 张糕点片，每片都起皱，刷上黄油，并在上面放上馅料。把底部的糕点翻到馅料上。将剩余的 8 张糕点纸平滑地放在上面，每张都刷上黄油。

g) 使用抹刀，将顶部的糕点片塞在锅的内侧边缘。用锋利的刀，将顶部轻轻地纵向切成两半，横向划出六分之一。（不要切穿。）在中等烤箱（350 华氏度）中烘烤 1 小时或直到顶部呈金黄色。冷却至少 10 分钟，然后沿着刻痕线切割。将樱桃番茄放在 12 个小木镐的每一个上，然后将镐插入每份的中心。

h) 用欧芹装饰。如果需要，用新鲜的水果烤肉装饰个人份。

63. 金枪鱼饼

产量 8 皮塔饼

原料

- 3 杯（360 克）亚瑟王原色通用面粉
- 2 茶匙速溶酵母
- 2 茶匙易卷面团改良剂
- 2 茶匙砂糖
- 1 1/2 茶匙（9g）盐
- 1 杯（227 克）水
- 2 汤匙（25 克）植物油

方向

a) 称量你的面粉；或者轻轻用勺子舀到杯子里，然后扫掉多余的东西。将面粉与其余成分混合，混合形成蓬松/粗糙的面团。

b) 用手（10 分钟）或用搅拌机（5 分钟）或面包机（设置在面团循环中）揉面团，直到它变得光滑。

c) 将面团放入抹了少许油的碗中，静置 1 小时；它会变得非常蓬松，尽管它可能不会增加一倍。如果您使用过面包机，只需让机器完成其循环即可。

d) 将面团转到抹了少许油的工作台上,然后将其分成 8 份。

64. 韭菜盒子饼

原料

- 1 茶匙砂糖

- 两个 1/4 盎司。包装活性干酵母

- 13-1/2 盎司。（3 杯）未漂白的通用面粉；更多用于除尘

- 13-1/2 盎司。（3 杯）全麦面粉

- 2 茶匙粗盐或海盐；更多用于洒水

- 1/3 杯加 2 汤匙。特级初榨橄榄油

方向

a) 制作面团：在液体量度中，将糖搅拌到 1 杯温水中。搅拌酵母并放在一边，直到酵母起泡，5 到 10 分钟。

b) 在立式搅拌机的碗中，将面粉和盐搅拌在一起。在中心打一口井，将酵母混合物、1/3 杯油和 1 杯温水倒入井中。

c) 用面团钩低速搅拌，直到面团变得光滑有弹性并聚集在钩子周围，4 到 5 分钟。

d) 用手把面团做成一个球。把搅拌碗擦干净，把面团放回碗里。用剩下的 2 汤匙在面团上淋上毛毛雨。油，把面团轻轻地涂在上面。

e) 盖上一块布，放在温暖的地方发酵至两倍大，大约 1 小时。

f) 用手轻轻地将面团放气，盖上盖子，静置 20 分钟。

g) 塑造皮塔饼：把面团翻到撒了少许面粉的柜台上。将面团分成 12 等份，约 3-3/4 盎司。每个。

h) 把每一块做成一个粗糙的球，然后把每一个球放在柜台的未撒面粉的部分，把手放在上面，然后快速转动你的手在面团上。只要面团有点粘在柜台上，这个动作就会把面团塑造成一个紧密、均匀的圆形球。

i) 在柜台的撒了面粉的部分，将每一块卷成一个 1/8 英寸厚的圆形，直径约为 7 英寸。当你完成每一轮时，把它放在撒了少许面粉的表面上。当所有的面团都卷好后，用一块湿布（或两块）盖住圆形，让它们再次休息大约 1 小时——它们会有点浮肿，但不会变大。

j) 同时，在烤箱底部放置一个架子，将烤箱加热到 500°F。

k) 烤皮塔饼：在面团上轻轻撒上盐。安排尽可能多的圆形而不重叠在一个无边，未涂油的烤盘上并烘烤，直到皮塔开始在顶部变成金黄色，5 到 6 分钟。每批出炉时，将皮塔饼堆叠 3 或 4 层高，并用干净的厨房毛巾包裹。

l) 立即食用或冷却至室温。包装好，它们可以在冰箱中保存 3 天或在冰箱中保存 6 个月。上菜前在温暖的烤箱中重新加热以软化。

法式面包

65.

产量：8 份

成分

面团：

- 1 个小苹果，去核并切成四等份
- 2 杯未漂白白面粉，加上约 2 茶匙用于揉捏
- $\frac{1}{4}$ 茶匙肉桂
- 1 汤匙糖或 2 吨蜂蜜
- 1 少吨速发酵母
- $\frac{1}{4}$ 茶匙盐
- ⅓ 至 1/2 C 热水
- ½ 杯葡萄干

填充：

- 4 个中等大小的苹果
- $\frac{1}{2}$ 个柠檬汁
- 捏白胡椒
- 捏丁香

- 捏小豆蔻

- 捏肉豆蔻

- 捏碎姜

- 1 吨。香草精

- $\frac{1}{4}$ 到 $\frac{1}{3}$ C. 糖或蜂蜜

- $\frac{1}{4}$ 到 $\frac{1}{2}$ C. 红糖或

- 2 吨糖蜜

- 1 吨。玉米淀粉

釉：

- 2 T. 杏酱或蜜饯

- 1 吨。水

方向

面团：

a) 在食品加工机中处理切成四等分的苹果约 20 秒；转移到一个单独的碗里。

b) 如果需要，将 2 C. 面粉、肉桂、糖或蜂蜜、酵母和盐加入食品加工机；处理 5 秒。加入加工过的苹果；处理额外的 5 秒。随着处理器的运行，通过进料管逐渐加入 $\frac{1}{3}$ C. 热水。停止机器，让面团静置约 20 秒。继续加工并通过进料管逐渐加水,直到面团形成一个柔软的球,碗的侧面干净。脉冲 2 或 3 次。

c) 将葡萄干和 1 吨面粉撒在干净的表面上。将面团翻到表面上,揉约 1 分钟以加入葡萄干。如果面团很粘,就加面粉。

d) 在塑料袋内轻轻撒上面粉。将面团放入袋中,密封并在温暖、黑暗的地方静置 15 至 20 分钟。

e) 将面团擀成直径 12 到 14 英寸的圆形。放在涂了油的煎锅或烤盘中。准备馅料时,用厨房毛巾盖住,放在温暖的地方。烤箱预热到 400 度。

填充:

f) 将苹果纸去核并切成薄片。在苹果片上撒上柠檬汁。加入剩余的馅料并充分混合。

g) 勺子填入面团。烘烤 20 分钟,然后将烤盘旋转 180 度。将烤箱温度降低到 375 度,再烤 20 分钟,或者直到苹果变成褐色。在锅中冷却 5 分钟。从锅中取出,放在金属架上彻底冷却。

釉:

h) 在一个小平底锅里,融化果酱或蜜饯。加水,煮沸,剧烈搅拌。在苹果上刷上釉,然后上桌。

66. 基礎薄餅

产量:4份

成分

- 2¼茶匙活性干酵母
- 3杯面包粉
- ½茶匙盐
- ½茶匙糖
- 1杯水;加
- 2汤匙水
- 1汤匙橄榄油
- 2汤匙特级初榨橄榄油
- 2茶匙粗盐
- 现磨黑胡椒

方向

a) 机器程序(对于2杯容量面包机):除非另有说明,否则所有成分必须处于室温。

b) 按照面包机用户手册中指定的顺序添加配料，浇头除外。将面包机设置为面团/手动设置。在程序结束时，按清除/停止。按下面团，按下开始并揉 60 秒。再次按清除/停止。取出面团，静置 5 分钟，然后再进行手工整形。

c) 如果您的面包机没有面团/手动设置，请按照正常的面包制作程序，但只让面团揉一次。在揉捏周期结束时，按清除/停止。让面团发酵 60 分钟，在前 30 分钟后检查以确保面团不会过度发酵并接触盖子。按下启动键，让机器运行 60 秒，将面团打下来。

d) 再次按清除/停止。取出面团，静置 5 分钟，然后再进行手工整形。

e) 手整形技巧：在手上撒上面粉。用指尖将面团均匀地铺在一个 13- X 9- X 1 英寸的抹了少许油的烤盘中。盖上干净的厨房布。让它上升到两倍高，大约 30 到 60 分钟。

f) 将烤箱预热至 400F。用指尖在发酵好的面团表面做轻微的压痕。刷上特级初榨橄榄油，撒上粗盐和黑胡椒。

g) 在烤箱底部烤架上烤约 30 到 35 分钟，或直到金黄色。在锅里冷却。切成十二等份，在室温下食用。

67. 羅勒佛卡夏

产量：8 份

成分

- 2½ 茶匙活性干酵母
- ½ 杯温水
- ½ 杯加
- 2 汤匙水；室内温度
- ½ 杯 味道温和的特级初榨橄榄油
- 500 克未漂白普通面粉
- 1½ 茶匙海盐（最多）
- 3 汤匙轻质特级初榨橄榄油
- 1 大束新鲜罗勒；大约 1.5 到 2 杯紧密包装的叶子
- 1 汤匙特级初榨橄榄油

方向

a) 把酵母搅拌到一个大碗里的温水中；静置至奶油状，大约 10 分钟。加入室温水和油。

b) 如果你用手做面团，把面粉和盐混合，分两次加入，搅拌直到面团很好地融合在一起。在撒了少许面粉的表面上揉 4 到 5 分钟，让面团稍作休息，再揉一两分钟。面团会像耳垂一样柔软细腻。

c) 如果您使用的是重型电动搅拌机，请使用桨叶附件将面粉和盐混合到酵母混合物中，直到它们形成面团。换成面团钩揉 2 到 3 分钟，或者直到面团像耳垂一样嫩。

d) 第一次起床：将面团放入抹了少许油的容器中，用保鲜膜盖紧，然后发酵至两倍大，大约需要 1 小时到 1 小时 15 分钟。

e) 整形和第二次起床：将面团放在撒了少许面粉的工作台上，然后用撒了少许面粉的擀面杖将其擀成 12 x 18 英寸的矩形，厚约 1/4 英寸。如果面团撕裂，面团将很容易展开并容易修复。填充，在面团顶部涂上 2 到 3 汤匙橄榄油——一定要彻底刷一遍，甚至是大量刷——然后用厚厚的罗勒叶地毯覆盖表面。

f) 把面团从长边卷起来，像果冻卷一样。在一个 10 x 4 英寸的天使食品管平底锅上涂上油，然后将面团滑入其中，接缝面朝下。

g) 烘烤：在您计划烘烤前至少 30 分钟，将烤箱预热至 200C/400F，如果您有烘烤石，请在里面放一块烘烤石。

h) 在"sfoglierata"的顶部刷上 1 汤匙橄榄油。将平底锅直接放在石头上烤至金黄色，大约 40 分钟。冷却 15 或 20 分钟，然后在"sfoglierata"和锅边和中心管之间滑动一把细长的刀或抹刀的刀片以松开它。放在架子上。趁热食用。

68. 面种佛卡夏

产量：2 轮

成分

- 1 包（1/4 盎司）活性干酵母
- 3 杯面包粉
- 1 茶匙糖
- 1 杯加 2 汤匙温水
- 3 汤匙特级初榨橄榄油
- 1 汤匙粗盐
- 2 枝迷迭香的叶子

方向

a) 按照面包机制造商推荐的顺序，将酵母、面粉、糖、盐和温水混合到面包机的容器中。

b) 将机器设置为面团循环，如果您有能力，可以使用法式面包或白面包模式。关闭盖子并启动机器。

c) 当面团准备好并且机器发出循环结束的信号时，将面团转移到撒了少许面粉的表面上，然后将其分成两半。

d) 将每一半做成一个圆盘，然后将圆盘转移到 1 个大或 2 个小烤盘上。盖上保鲜膜，放在一边发酵，直到体积翻倍，通常需要 45 分钟到 1 小时。（如果需要长达 2 小时，请不要担心。）

e) 冲下圆盘并将每个圆盘展开成一个 8 到 9 英寸的圆形，大约 $\frac{1}{2}$ 英寸厚。用你的指关节使面团顶部凹陷。盖上盖子放在一边，直到膨胀起来，大约 45 分钟；再次，最多 2 小时就可以了。

f) 将烤箱预热至华氏 425 度。就在烘烤之前，用指关节再次使每个佛卡夏的表面凹陷。将油淋在圆形上，然后用勺子背面将其涂抹在酒窝中。在意式薄饼上撒上粗盐，然后将迷迭香叶撒在上面。

g) 在烤箱顶部三分之一处烘烤佛卡夏约 18 分钟，或直到顶部呈金黄色，底部呈浅棕色并变脆。

h) 转移到电线架上。切成楔形，立即食用，或者冷却后再包起来。

69. 芝姗厦

产量：12 份

成分

- 1 磅冷冻面包面团；解冻
- 1 个鸡蛋
- 1 杯干酪
- 2 汤匙帕尔马干酪
- $\frac{1}{2}$ 茶匙干罗勒
- $\frac{1}{2}$ 茶匙干牛至叶
- $\frac{1}{4}$ 茶匙大蒜盐
- $\frac{1}{4}$ 茶匙胡椒粉
- $\frac{3}{4}$ 杯准备好的比萨酱
- 3 盎司马苏里拉奶酪

方向

a) 把面包面团分成两半。将一半压入涂有油脂的 **13×9"** 烤盘中，将面团向上推以形成浅边缘。在碗中打鸡蛋，搅拌除比萨酱和马苏里拉奶酪以外的剩余成分。

b) 均匀涂抹在面团上。将剩下的一半面团拉伸到适合锅的位置,放在馅料上,然后按压面团边缘以完全密封。让它在温暖的地方上升,直到翻倍约 1 小时。

c) 将披萨酱均匀地涂在面包面团上,撒上马苏里拉奶酪。

d) 烘烤 375,30 分钟,直到边缘变硬,奶酪融化。

e) 冷却 5 分钟。切成方块。

70. 简单香辣佛卡夏

产量：24 份

成分

- 16 盎司包装热卷混合
- 1 个鸡蛋
- 2 汤匙橄榄油
- ⅔ 杯红洋葱；切碎
- 1 茶匙干迷迭香；碎
- 2 茶匙橄榄油

方向

a) 在两个 9 x 1.5 英寸的圆形烤盘、一个 15 x 10 x 1 英寸的烤盘或一个 12 到 14 英寸的比萨盘上涂抹少许油脂。搁置。

b) 根据基本面团的包装说明准备热卷混合物，使用 1 个鸡蛋并用 2 汤匙油代替包装上要求的人造黄油。揉面团；允许按照指示休息。如果使用圆形烤盘，将面团分成两半；滚成两个 9 英寸的圆形。

c) 将洋葱和迷迭香放入平底锅中，放入 2 茶匙热油中煮至变软。用指尖，在面团上每英寸左右按一下凹痕。

d) 用洋葱混合物均匀地覆盖面团。盖上盖子，放在温暖的地方发酵至几乎两倍大（约 30 分钟）。

e) 在 375 度的烤箱中烘烤 15 到 20 分钟或直至金黄。

f) 在金属架上冷却 10 分钟。从锅中取出并完全冷却。

71. 佛卡夏

产量：8 份

成分

- 佛卡夏面团
- ½ 磅菠菜，煮熟，沥干
- ½ 磅蘑菇，切片
- 2 杯低脂乳清干酪，
- 4 盎司低脂马苏里拉奶酪
- ¼ 杯欧芹，新鲜，切碎
- 1 每个蛋清或鸡蛋替代品

方向

a) 沥干乳清干酪。将面团擀成 12x9 的长方形。撒上菠菜，然后是乳清干酪，然后是蘑菇，然后是马苏里拉奶酪。卷起。

b) 用蛋清或鸡蛋替代品密封边缘。形成圆形并用蛋清或鸡蛋替代品密封圈。顶部刷上鸡蛋。350 度烤 40 分钟左右。

72. 香草佛夏

产量：1 份

成分

- $2\frac{3}{4}$ 杯通用面粉

- 1 包快速发酵酵母

- 2.5 茶匙干牛至叶；碎

- $\frac{1}{2}$ 茶匙盐

- 1 杯非常温的水；(120-130)

- $\frac{1}{4}$ 杯橄榄油

- 2 汤匙橄榄油

- 1 个鸡蛋

- $1\frac{1}{2}$ 杯切成薄片的洋葱

- 1 茶匙迷迭香；（可选的）

- 1 茶匙粗盐；（可选的）

方向

a) 在一个大碗中混合 $1\text{-}\frac{3}{4}$ 杯面粉、未溶解的酵母、牛至和盐。将水和 2 汤匙橄榄油加入干料中搅拌。加入鸡蛋和足够的面粉搅拌成坚硬的面糊。盖上盖子休息 10 分钟。

b) 与此同时，在一个大平底锅中加入 $\frac{1}{4}$ 杯橄榄油，加热至热，加入洋葱煮 3 到 4 分钟，直到变软而不变成褐色。

c) 放在一边稍微冷却。用稍微涂油的手，将面糊摊入涂油的 13 X 9 X 2 英寸烤盘中。用手指或木勺末端在面糊表面做小凹痕。将保留的洋葱混合物均匀地涂抹在面糊上。

d) 如果需要，撒上粗盐和迷迭香。用保鲜膜松松地盖上，放在温暖的地方发酵至两倍大，大约 30 分钟，在 400 度下烘烤 25 分钟直到完成。服务热情

发芽面包

73. 黑麦面包

产量: 15 份

成分

- 1 包酵母
- 2½ 杯 更适合做面包粉
- 1 杯小麦粉
- 2 汤匙面筋
- 1¼ 茶匙盐
- ⅓ 杯速溶脱脂奶粉
- 1 杯苜蓿芽；11 盎司
- ½ 杯南瓜子；包装/绿色无盐
- 2 汤匙植物油
- 1 汤匙蜂蜜
- 1½ 杯 非常温的水

方向

a) 按列出的顺序添加所有成分，在面包机上选择白面包，然后按"开始"。

74. 发酵面包

产量：1份

成分

- ¾杯水
- 2 汤匙人造黄油/黄油
- 1 汤匙糖
- 1½茶匙盐
- ½杯发芽小麦浆果
- 2½杯面包粉
- 3 汤匙脱脂奶粉
- 1½ 茶匙酵母

方向

a) 烤面包前大约 2-3 天（取决于温度），将 ½ 杯小麦浆果在冷水中浸泡一夜。

b) 使用盖有粗棉布的罐子或发芽罐。在早上排水。

c) 每天至少冲洗和排水 2 次或更多次，直到出现"尾巴"。尾巴的长度可以在 ⅛-¼ 英寸之间。小麦浆果芽不应长于浆果本身。

75. 麵包

产量：2 份

成分

- 2 杯温水
- 2 茶匙麦芽
- 2 汤匙糖蜜
- 1 汤匙酵母
- 5 杯硬质全麦面粉
- $\frac{1}{2}$ 磅（约 2 摄氏度）小麦芽
- 1 茶匙盐
- 2 汤匙乳清粉（可选）
- 3 汤匙油
- $1\frac{1}{2}$ 汤匙大豆粉

方向

a) 将水、酵母、甜味剂和两杯面粉混合在一起。

b) 静置至起泡，然后加入剩余的配料，揉匀，保留或加入少许面粉以获得良好的弹性质地。

c) 在抹了油的碗里发酵，做成面包，然后再次发酵。在 350 F 下烘烤 45 分钟。

大饼

76. 菠菜卷饼

产量：20-24

原料

- 3 杯 100% 全麦面粉
- 2 杯新鲜菠菜，修剪并切碎
- 1 杯水
- 1 茶匙粗海盐

方向

a) 在食品加工机中，将面粉和菠菜混合。这将成为易碎的混合物。

b) 加入水和盐。加工直到面团变成粘球。

c) 将面团转移到一个深碗或撒了少许面粉的台面上，揉几分钟，直到它像披萨面团一样光滑。如果面团很粘，再加一点面粉。如果太干，再加一点水。

d) 撕下一块高尔夫球大小的面团，在两手掌之间滚动，将其塑造成一个球。将它压在两个手掌之间，使其稍微变平，然后在撒了少许面粉的表面上滚动，直到直径约为 5 英寸。

e) 用中高温加热一个重煎锅。一旦它变热，将 Paratha 放入平底锅中加热 30 秒，直到它足够坚硬，可以翻转，但不会完全变硬或变干。

f) 在另一边煮 30 秒。同时，朝上的一面涂少许油，翻转过来，在另一面涂少许油，然后将两面煎至微黄。

77. 婚禮麵包

产量：2 份

成分

- 1 包酵母
- ¼ 杯温水
- 2 汤匙人造黄油
- 1 汤匙糖
- 1½ 茶匙盐
- ¾ 杯牛奶——烫过的
- 3 杯通用面粉
- 2 汤匙洋葱——切碎
- ¼ 杯人造黄油——融化
- ½ 茶匙牛至
- ½ 茶匙辣椒粉
- ¼ 茶匙芹菜籽
- ¼ 茶匙大蒜盐
- ½ 茶匙罗勒

- 1 杯切达干酪，切丝

a) 在 $\frac{1}{4}$ 杯温水中软化酵母。

b) 在搅拌碗中，混合 2 汤匙人造黄油、糖、盐和烫过的牛奶。凉至微温。

c) 将酵母搅拌成牛奶混合物。逐渐加入面粉，形成硬面团。你可能不需要所有的面粉。在撒了面粉的表面上揉至光滑光滑；4 到 5 分钟。

d) 放入涂有油脂的碗中，然后转到顶部。盖上盖子，让其上升至光亮；约 45 分钟。

e) 把面团分成两半。将每一块压入一个 9 英寸的馅饼或蛋糕盘中。

f) 混合洋葱、1/4 杯融化的人造黄油、牛至、辣椒粉、芹菜籽、大蒜盐和罗勒。铺在面团上。均匀地撒上奶酪。用叉子在几个地方戳每个。

g) 发酵约 30 分钟或直至变亮。

h) 在预热的 375 度烤箱中烘烤 20 到 25 分钟，直到变成金黄色。

i) 趁热食用。

78. 硬式麵包

产量：1 份

成分

- 1 杯糙米粉+额外用于撒面包
- 1½ 茶匙 颗粒状酵母
- 2 茶匙糖
- 1½ 杯温水 (110F)
- 1 杯玉米粉
- ½ 杯玉米淀粉
- 2 茶匙黄原胶粉
- 1 至 1 1/2 茶匙盐
- 2 个大鸡蛋，在室温下
- 1 汤匙玉米油

方向

a) 将 ½ 杯米粉、酵母、糖和 ½ 杯温水放入 2 杯玻璃杯中；搅拌混合，然后放在温暖的地方休息，直到体积增加一倍，大约 10 分钟。

b) 在一张大烤盘上铺上羊皮纸，在上面画两个 8 英寸的圆圈。

c) 将剩余 $\frac{1}{2}$ 杯米粉、玉米粉、玉米淀粉、黄原胶粉和盐混合在一个大碗中；混合混合。

d) 轻轻打鸡蛋；留出 1 汤匙用于刷面包顶部。将剩余的 1 杯温水和玉米油加入打好的鸡蛋中。用木勺将鸡蛋和酵母混合物搅拌成面粉，搅拌至光滑。用橡皮刮刀，将柔软的面团铺在有标记的羊皮纸上，在中间稍微堆起。

e) 用涂有油脂的保鲜膜轻轻盖上面包，然后发酵至两倍大，大约 1 小时。

f) 将烤箱预热至 **425F**。

g) 将几滴水打入保留的打好的鸡蛋中，然后刷在面包上。用米粉轻轻撒上灰尘。使用剃须刀片，将面包顶部切成大菱形网格图案。

h) 烤 **20** 分钟，直到完全变成褐色。

79. 埃塞俄比亚煎饼 (njera)

产量：15 份

成分

- 3 杯自发面粉
- ½ 杯全麦面粉
- ½ 杯玉米粉或 masa harina
- 1 汤匙活性干酵母
- 3½ 杯温水

方向

a) 混合并放入大碗中，盖上盖子，一个小时或更长时间，直到面糊上升并变得有弹性。它可以坐 3-6 个小时。

b) 准备好后，如果液体沉淀在底部，则搅拌面糊。然后在搅拌机中搅打，一次 2 杯面糊，用 ½ - ¾ 杯水稀释。面糊会很薄。

c) 在不沾油的不粘煎锅中用中火或中火加热。

d) 对于 12 英寸的平底锅，每个 injera 使用 ½ 杯面糊，对于 10 英寸的平底锅，使用 ⅓ 杯面糊。

e) 将面糊倒入加热的平底锅中，快速旋转平底锅，使面糊尽可能薄。面糊的厚度不应超过 ⅛ 英寸。不要翻身。Injera 不易粘住或燃烧。

f) 当气泡出现在顶部时，它就被煮熟了。

g) 将每个 injera 放在干净的毛巾上一两分钟，然后堆放在有盖的盘子里保暖。

80. 意杯麵包佛夏

产量：1 份

成分

- $2\frac{1}{2}$ 杯通用面粉；至 3°C
- $2\frac{1}{4}$ 汤匙活性干酵母；或快速上升是的
- 1 汤匙糖
- 1 汤匙盐
- 1 杯温水
- 1 汤匙油
- $\frac{1}{2}$ 杯切碎的洋葱
- 2 汤匙黄油或人造黄油
- $\frac{1}{4}$ 汤匙糖
- $\frac{1}{8}$ 汤匙盐

方向

a) 在大搅拌碗中，混合 $1\frac{1}{2}$ c。面粉、酵母、1 吨糖和 1 吨。

b) 盐；拌匀。在面粉混合物中加入水和油。低速搅拌至湿润；中速打 3 分钟。

c) 用手，逐渐加入足够的剩余面粉，使面团变硬。在撒了面粉的表面上揉 5 到 8 分钟，根据需要加入面粉。放入涂有油脂的碗中，转向油脂顶部。覆盖；在温暖的地方发酵约 40 分钟（快速发酵酵母为 20 分钟）。

d) 准备洋葱馅。在小煎锅里，用黄油炒洋葱直到变软。

e) 搅拌 $1/8$ 吨。糖和 $\frac{1}{8}$ 吨。盐。

f) 把面团打下来。在撒了少许面粉的表面上，将面团揉成一个球。

g) 放在抹了油的饼干纸上。压平成 10 英寸的圆形。用餐刀，在距离边缘约 1 英寸的面团上切一个圆圈，几乎切到饼干片上。用叉子戳中心。在刺破的面团上撒上洋葱馅。

h) 覆盖；在温暖的地方发酵约 30 分钟（快速发酵需要 15 分钟）。375 度烘烤。25 到 30 分钟直到金黄色。

玉米饼

81. 蓝莓馅饼

产量：4 份

成分

- 1½ 杯蓝玉米粉
- 1½ 杯开水
- ¾ 至 1 杯通用面粉

方向

a) 蓝玉米是霍皮人和普韦布洛印第安人种植的许多不同玉米品种之一。它的颜色范围从灰色到蓝色到几乎黑色，用于面包、饺子、酱汁和饮料中。蓝玉米饼传统上是不加盐的，如下所示，因为盐被认为掩盖了蓝玉米完整而微妙的味道。

b) 这些玉米饼吃起来很软，一点也不硬。因为它们含有少量小麦粉，所以也比较容易处理；你可以用手把它们拍出来，如果需要的话，把它们卷成均匀的厚度。它们在未上油的热煎锅中快速煮熟，然后用毛巾包裹以保持柔软和温暖，直到可以食用为止。

c) 您将需要一个中等大小的碗、一个直径至少为 8 英寸的煎锅或重煎锅，以及一个擀面杖。

d) 将玉米粉放入碗中，倒入开水。搅拌均匀。让我们坐十五分钟。加入半杯通用面粉。把这种混合物倒在铺有 ¼ 杯面粉的面包板上。揉 2 到 3 分钟，将 1/4 杯面粉加入面团中（如有必要，多使用一点）。面团会很软，但一点也不结实。将面团放回碗中并盖上盖子。休息 30 分钟。将面团分成八份。

e) 在撒满面粉的手掌之间，用八个分别制作扁平的圆形肉饼并放在一边。用中高温加热你的烤盘，在你做第一个玉米饼之前确保它是热的。

f) 在撒了面粉的表面上（因为面团很粘），小心地推出一个玉米饼，直到它的直径约为 7 到 8 英寸。（我们发现最简单的方法是先用手指或手掌拍出面团，然后最后将玉米饼擀开，使其厚度均匀）。

g) 像煮小麦玉米饼一样煮玉米饼，每边大约一分钟。玉米饼的两面都会有褐色斑点。煮熟后，取出并用厨房毛巾包裹。将一个堆叠在另一个之上。

82. 墨西哥玉米薄饼

产量：6 份

成分

- 16 盎司低脂干酪
- 1 杯罐装玉米粒
- 6 盎司切碎的低脂切达干酪
- $\frac{1}{4}$ 杯洋葱片
- 2 汤匙切碎的新鲜香菜
- $\frac{1}{4}$ 茶匙墨西哥调味料
- 6 个面粉玉米饼（6"）
- $\frac{1}{2}$ 杯莎莎酱

方向

a) 将烤箱预热至 350 润滑脂 9 x 13 英寸烤盘 混合前 6 种成分，但保留 $\frac{1}{2}$ 杯切达干酪 将大约 $\frac{1}{2}$ 杯混合物舀到每个玉米饼的中心 卷起并将接缝面朝下放入烤盘中

b) 顶部放上莎莎酱和剩余 $\frac{1}{2}$ 杯切达干酪 以 350 度烘烤 30 分钟

83. 玉米饼

产量：12 份

成分

- 2 杯玉米粉玉米饼混合物
- $1\frac{1}{4}$ 杯水；温暖的

方向

a) 用手混合玉米粉圆饼混合物和水，直到所有玉米粉圆饼混合物都被弄湿并且面团清洁碗的一侧。盖上湿毛巾；休息 10 分钟。将面团分成 12 个 1 英寸的球。对于每个玉米饼，将 1 个球放在蜡纸正方形上；稍微变平。

b) 盖上另一个蜡纸正方形。滚成 6 英寸的圆圈。剥去顶部的蜡纸正方形。用中高温加热未抹油的煎锅或煎锅直至变热。

c) 将玉米饼放入煎锅中，蜡纸面朝上。煮 30 秒；立即取出蜡纸。继续煮玉米饼，直到边缘干燥，大约 1 分钟。转动另一面煮至干燥，大约 2 分钟。堆叠玉米饼，在每个玉米饼之间放置蜡纸。盖上湿毛巾。

84. 脆皮玉米饼

产量：12 个玉米饼

成分

- 4 杯通用面粉
- 2 茶匙发酵粉
- $1\frac{1}{2}$ 茶匙盐
- 4 汤匙脱脂蛋黄酱
- $1\frac{1}{4}$ 杯热水

方向

a) 在大碗里，混合面粉、发酵粉和盐。搅拌均匀。加入脱脂蛋黄酱并使用糕点搅拌器（或叉子）搅拌，直到面粉混合物看起来很粗糙。

b) 加入热水并搅拌均匀。揉入额外的面粉。盖上盖子，静置 10 分钟。

c) 将铁锅放在中火到中火上。撕下一块面团，滚成一个球（约 $2\frac{1}{2}"$）。

d) 在撒了面粉的案板上，将面团擀成直径约 6 英寸的圆形扁平形状，尽可能薄（厚度小于 $\frac{1}{8}$ 英寸）。如果面团很粘，就多加些面粉。将玉米饼放在加热的烤盘上，让它稍微起泡。加热约 1-2 分钟。

e) 翻转玉米饼和棕色另一面大约 1 分钟。如果玉米饼在不同的地方变成褐色并且没有面团状的质地,那么它就完成了。

85. 自制烙饼

产量：1 份

成分

- 5 杯面粉
- 3 茶匙发酵粉
- 2 茶匙盐
- $\frac{1}{4}$ 杯油
- $2\frac{1}{4}$ 杯热水

方向

a) 用中火预热煎锅或重煎锅。在一个大碗里，将面粉、发酵粉、盐和油混合在一起。

b) 使用这种混合物约 1 分钟。加入热水，一次一点，直到形成柔软的面团。面团要结实有弹性；如果它很粘，再加一点面粉。

c) 盖上盖子休息 5 分钟。将面团制成直径约 2.5 英寸的扁平厚球。一次擀一个，用擀面杖擀成直径约 6 英寸的圆形。只在一侧滚动；不要翻转面团，否则会很粘。

d) 将每个圆圈放在热烤盘上几秒钟，直到刚开始变褐色。转动并将另一面变成褐色。将玉米饼堆叠在一起。不要给烤盘抹油。

e) 烹饪时用抹刀或手指转动玉米饼。

86. 薯片

产量：48 筹码

成分

- 蔬菜烹饪喷雾
- 8 个 6 英寸面粉或玉米饼
- 盐，选择。
- 大蒜粉，选择。
- 辣椒粉，选择。

方向

a) 用喷雾喷烤盘。将每个玉米饼切成六个楔子；在烤盘上单层排列楔子。用烹饪喷雾轻轻喷洒，然后撒上盐、大蒜粉或辣椒粉调味。

b) 在预热的 350 华氏度烤箱中烘烤 10 到 12 分钟。或直到酥脆。

87. 西班牙烘蛋饼

产量：6 份

成分

- 3 土豆去皮切片
- 4 个中等鸡蛋
- 4 汤匙橄榄油
- 盐适量

方向

a) 在平底锅中加热油，降低热量，慢慢炒土豆直到相当软。经常用勺子或金属刮刀转动并"切片"它们。

b) 刮锅，所以没有东西粘着。将煮熟的土豆放入碗中，加入稍微打散的鸡蛋和盐，轻轻搅拌，然后放回锅中（如果没有剩余，加少许油）。慢慢煮，直到顶部开始出现气泡，或者看起来半熟。

c) 如有必要，用抹刀从锅中松开。在上面放一个盘子，把玉米饼翻到平底锅上，然后把它滑到平底锅里，在另一边煮。完成后应该是固体。以同样的方式从锅中取出。

88. 全麦饼

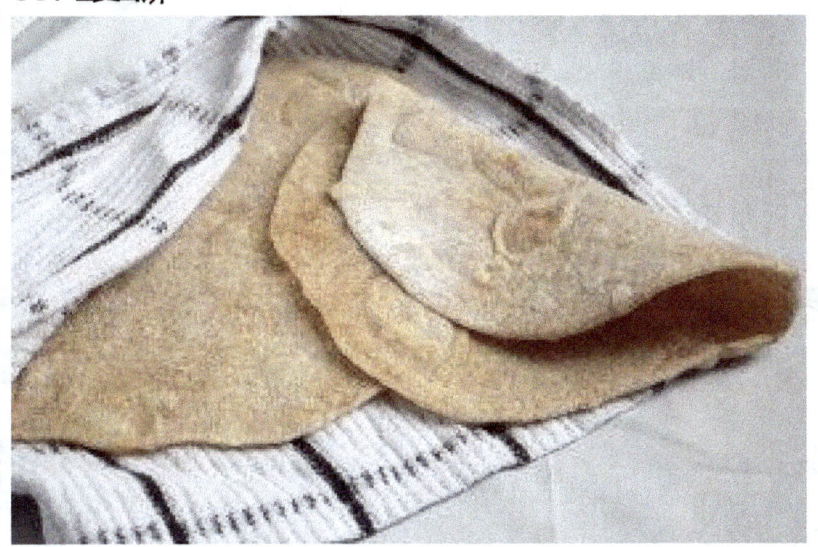

产量：6 份

成分

- ½ 杯全麦面包粉
- ½ 杯全麦糕点面粉
- ¼ 茶匙盐
- 1½ 茶匙芝麻油
- ½ 杯热水
- 额外的面粉/揉面

方向

a) 在一个中等大小的碗中，将面粉和盐搅拌在一起。淋上油，用叉子均匀分布。加入水并搅拌混合物以形成面团。

b) 把面团翻到撒了少许面粉的表面上，用布巾盖住。清洗并轻轻润滑碗。

c) 将面团彻底揉成面团，仅在必要时在揉面表面轻轻撒上面粉，以防止面团粘连。当面团光滑有弹性时，形成一个球，回到碗里，用湿毛巾和盘子盖住。

d) 将面团分成 6 个相等的球。使用一个球时，将其他球盖好。用擀面杖将每个球滚成 9 到 10 英寸宽的圆圈。堆叠在蜡纸和封面之间。

e) 加热未抹油但已充分调味的煎锅，直到水发出咝咝声。

f) 将玉米饼放在烤盘上，煮 20 秒，直到底部略呈褐色，表面出现气泡。转动并再煮 15 到 20 秒——玉米饼应该仍然柔软而柔韧。

g) 立即用布毛巾包裹并用倒置的碗盖住。

h) 以同样的方式烹饪和包裹剩余的玉米饼。趁热食用。

玉米面包

89. 阿帕契麵包

产量：6份

成分

- 1 杯通用面粉
- 1 杯玉米面
- 2 汤匙糖
- 4 茶匙发酵粉
- 1 茶匙盐
- 1 杯牛奶
- $\frac{1}{4}$ 杯油（奶奶用融化的猪油）
- 1 个鸡蛋；轻微殴打

方向

a) 在一个 **8x8** 平底锅（或铸铁平底锅）上涂上大量油脂，然后在搅拌面包时将其放入烤箱中加热。

b) 在中型碗中，混合面粉、玉米粉、糖、发酵粉和盐。

c) 搅拌剩余的成分，用手搅拌直到充分混合。

d) 将面糊倒入准备好的热锅中。烘烤 **18-22** 分钟，或直到插入中心的牙签变干净。

e) 切成方块,趁热食用。

90. 蓝莓玉米包

产量：1 个平底锅

成分

- 1 杯蓝色玉米粉
- 1 杯通用面粉
- 3 汤匙糖
- 2 茶匙发酵粉
- $\frac{1}{2}$ 茶匙盐
- 5½ 汤匙无盐黄油，软化
- 1 个鸡蛋
- 1$\frac{3}{4}$ 杯牛奶

方向

a) 将烤箱预热至华氏 325 度。在一个 9-X-13 英寸的烤盘或 2 个玉米棒烤盘上涂上油脂。

b) 在一个大碗里，将玉米粉、面粉、糖、发酵粉和盐混合在一起。

c) 在一个单独的碗中，将黄油、鸡蛋和牛奶混合在一起。

d) 逐渐将湿成分搅拌到干成分中。搅拌均匀。

e) 将面糊舀入准备好的平底锅中，如果使用矩形烤盘，则烘烤 25 至 30 分钟，如果使用玉米棒烤盘，则烘烤 15 至 20 分钟。

91. 婚宴餐包

产量：18 份

成分

- 3 杯石磨黄色玉米粉
- 3 杯未漂白面粉
- $2\frac{1}{2}$ 汤匙发酵粉
- 2 汤匙糖
- $1\frac{1}{2}$ 茶匙盐
- 5 个鸡蛋
- $\frac{3}{4}$ 杯红花油或玉米油
- $3\frac{1}{2}$ 杯酪乳
- 2 杯切达干酪锋利，切丝

方向

a) 在一个搅拌碗中，混合玉米粉、面粉、发酵粉、糖和盐；拌匀。分别用油和酪乳打鸡蛋。

b) 将奶酪加入玉米粉混合物中，搅拌至充分混合所有成分。用勺子舀入两个 8 x 12" 涂油的烤盘。

c) 在预热的 425 度烤箱中烘烤 20 到 25 分钟，或者直到玉米面包的边缘呈棕色并且摸起来很硬。切成方块，趁热食用。

92. 加沙哈面包

产量：9 份

成分

- 1 杯黄色玉米粉
- 1 杯面粉；全部目的
- 1 汤匙糖
- $2\frac{1}{2}$ 茶匙发酵粉
- $\frac{1}{2}$ 茶匙盐
- $\frac{1}{4}$ 杯沙拉油
- 1 个大鸡蛋
- 1 罐奶油玉米；（8 1/2 盎司）
- $\frac{1}{2}$ 杯原味低脂酸奶
- $\frac{1}{2}$ 杯蒙特利杰克奶酪；切碎的
- 2 汤匙哈瓦那辣椒；剁碎
- 2 汤匙阿纳海姆辣椒；剁碎

方向

a) 在一个大碗里，搅拌混合玉米粉、面粉、糖、发酵粉和盐。

b) 加入油、鸡蛋、玉米、酸奶、奶酪、哈瓦那人，搅拌至成分均匀湿润。

c) 将面糊倒入涂油的 8 英寸方形平底锅中。在 375 F.烤箱中烘烤，直到面包呈金黄色并开始从锅边拉出，30-35 分钟。

93. 胡萝卜面包

产量：9 份

成分

- 1 杯面粉，多用途
- 1 杯玉米面
- ¼ 杯糖
- 3 茶匙发酵粉
- 1 茶匙盐
- ¼ 杯黄油，软化
- 1 个鸡蛋；殴打
- 2 个中等胡萝卜；去皮切丝
- 1 杯酪乳

方向

a) 筛选前 5 种材料；切黄油，直到混合物混合。搁置。

b) 将鸡蛋、胡萝卜和酪乳混合；加入玉米粉混合物，搅拌均匀。

c) 将面糊舀入抹了少许油的 9 英寸方形烤盘中。在 425 度的温度下烘烤 20 分钟或直至略微变成褐色。稍微冷却；切成方块食用。

94. 西兰花面包

产量：18 份

成分

- 2 盒 Jiffy 玉米面包混合物
- 1 盒冷冻切碎的西兰花
- 4 个鸡蛋，打散
- $\frac{1}{2}$ 杯切碎的洋葱
- $\frac{3}{4}$ 杯干酪

方向

a) 将空玉米面包混合物倒入搅拌碗中。加入解冻的西兰花、鸡蛋、洋葱和干酪。

b) 用勺子搅拌，直到所有成分混合。

c) 倒入涂有油脂的 9" x 13" 盘中。

d) 在预热的烤箱中以 400 度烘烤 30 分钟或直到顶部略呈棕色。

95. 罗宋面包

产量：16 份

成分

- 1 杯玉米面
- 1 杯未漂白面粉
- 2 汤匙砂糖
- 4 茶匙发酵粉
- $\frac{3}{4}$ 茶匙盐
- $\frac{1}{4}$ 茶匙黑胡椒
- 1 蛋清，搅打
- 1 杯脱脂牛奶
- $\frac{1}{4}$ 杯苹果酱
- 3 汤匙罗勒

方向

a) 烤箱预热 350。

b) 准备一个带有烹饪喷雾和面粉的 8 英寸方形烤盘。在一个搅拌碗中，混合玉米粉。面粉、糖、发酵粉、盐和胡椒粉。在另一个搅拌碗中，混合蛋清、牛奶、苹果酱和罗勒。混合用湿的材料干燥材料直到变湿。将面糊倒入准备好的平底锅中。

c) 烘烤 **18** 到 **22** 分钟，或直到顶部呈浅金黄色。

96.

产量：8 份

成分

- 2 杯玉米面
- ½ 杯全麦面粉
- ⅓ 杯燕麦粉
- ⅓ 杯小米粉
- 4 茶匙发酵粉
- 2 杯米浆
- 4 汤匙冷冻苹果汁
- 浓缩，解冻
- 3 茶匙鸡蛋替代品，用 4 汤匙水搅打均匀

方向

a) 烤箱预热到 375 度。将玉米面、面粉和发酵粉混合在一起，放在一边。将剩余的成分混合在一起，倒在干燥的成分上。简单地折叠在一起。倒入一个不粘的 8 英寸方形平底锅。

b) 烘烤 30 分钟，或直到插入中心的牙签变干净。

97. 智利玉米包

产量：16 份

成分

- 1 杯黄色玉米粉
- 1 杯通用面粉
- 1 汤匙（加 1 茶匙）发酵粉
- $\frac{1}{4}$ 茶匙盐
- $\frac{1}{4}$ 杯脱脂奶粉
- 1 汤匙糖
- 1 杯水
- $\frac{1}{2}$ 杯冷冻鸡蛋替代品，解冻
- 2 汤匙植物油
- $\frac{3}{4}$ 杯（3 盎司）健康选择无脂切达干酪丝
- 1 罐（4 盎司）切碎的青辣椒，沥干
- 蔬菜烹饪喷雾

方向

a) 在一个中等大小的碗中混合前 6 种成分；在混合物的中心打一口井。

b) 将水、鸡蛋替代品和油混合；添加到干燥的成分中，搅拌直到变湿。

c) 拌入奶酪和青辣椒，将面糊倒入涂有烹饪喷雾的 8 英寸方形烤盘中。在 375 度烘烤 30 分钟或直到金黄色。

98. 黑椒玉米包

产量：12 份

成分

- 1 品脱黄色玉米粉
- 1 品脱通用面粉
- $\frac{1}{4}$ 杯糖
- 3 汤匙发酵粉
- 2 茶匙盐
- $\frac{1}{4}$ 杯新鲜黑胡椒粉
- 1 品脱牛奶
- 4 个中等鸡蛋；打得好
- $\frac{1}{4}$ 杯融化的黄油

方向

a) 将烤箱预热至 400°F；黄油 8 英寸方形平底锅，边高 2 英寸。

b) 在大碗中混合前 6 种成分。

c) 在一个小碗里混合牛奶、鸡蛋和融化的黄油。将牛奶混合物倒在干燥的配料上,搅拌至湿润:不要过度混合。将面糊舀入准备好的平底锅中。

d) 烤玉米面包直到浅棕色,测试仪出来干净,大约 25 分钟。

e) 在锅里冷却玉米面包。将玉米面包打碎并弄碎,铺在烤盘中,晾干 24 小时后再用于制作馅料。

99. 黑锅面包

产量：1 份

成分

- 1 个鸡蛋，打散
- 2 根腌制墨西哥胡椒，切碎
- 1 杯细玉米粉
- 1 杯面粉
- 1 汤匙糖
- 1 茶匙发酵粉
- ½ 茶匙小苏打
- 盐
- 1 杯酪乳
- ½ 杯冷冻玉米——解冻
- 1 杯磨碎的橙色切达干酪
- 2 汤匙融化的黄油

方向

a) 烤箱预热到 375 度。润滑 9 - 10 英寸铸铁平底锅或 9 英寸方形平底锅。

b) 在一个大碗里混合玉米粉、面粉、糖、发酵粉、小苏打和盐。

c) 在液体 2 杯或小碗中，将鸡蛋和酪乳混合在一起。

d) 将酪乳混合物搅拌成干燥的配料。加入玉米、⅔杯切达干酪和墨西哥胡椒碎。

e) 加入融化的黄油,轻轻搅拌。将面糊倒入准备好的平底锅中,在上面放上剩余的切达干酪。烘烤 20-25 分钟或直到分解并且插入的刀干净。

f) 冷却 5 分钟,然后从锅中移至冷却架上。

100. 阿米什玉米面包

产量：6 份

成分

- 1 杯通用面粉
- 1 杯玉米面
- 2 汤匙糖
- 4 茶匙发酵粉
- 1 茶匙盐
- 1 杯牛奶
- $\frac{1}{4}$ 杯油（奶奶用融化的猪油）
- 1 个鸡蛋；轻微殴打

方向

g) 在一个 **8x8** 平底锅（或铸铁平底锅）上涂上大量油脂，然后在搅拌面包时将其放入烤箱中加热。

h) 在中型碗中，混合面粉、玉米粉、糖、发酵粉和盐。

i) 搅拌剩余的成分，用手搅拌直到充分混合。

j) 将面糊倒入准备好的热锅中。烘烤 **18-22** 分钟，或直到插入中心的牙签变干净。

k) 切成方块,趁热食用。

结论

面包师的目标是将相对无味的面粉淀粉转化为甜味、多层风味,或从谷物中激发出最大的风味潜力,同时了解如何在所有面包制作阶段控制时间和温度。面包师的手、眼睛、耳朵、气味、感官、创造性的触觉和经验也对任何食谱的最终成功起着重要作用。

传统上,在家制作面包是所有家庭主妇都知道的一项技能。这些天它并不那么受欢迎,但是,它从未如此容易上手!能够为您和您的家人制作美味的面包是一项非常有益且健康的爱好。这也是你不断学习的东西。永远不会有太多的知识,即使是经验丰富的专业面包师也每天都在学习。

www.ingramcontent.com/pod-product-compliance
Lightning Source LLC
Chambersburg PA
CBHW071601080526
44588CB00010B/977